ROBERT PENN

CIÒ CHE CONTA È LA BICICLETTA

La ricerca della felicità su due ruote

Traduzione di Carlo Caparao

PONTE ALLE GRAZIE

Traduzione originale:
It's All About the Bike

Prima edizione: maggio 2011
Nuova edizione: settembre 2015
Nuova edizione: marzo 2021
Prima ristampa: dicembre 2023

Progetto grafico di copertina: Giulia Voltini

Ponte alle Grazie è un marchio
di Adriano Salani Editore s.u.r.l.
Gruppo editoriale Mauri Spagnol

Il nostro indirizzo Internet è www.ponteallegrazie.it
Seguici su Facebook e su Instagram
Per essere informato sulle novità
del Gruppo editoriale Mauri Spagnol visita:
www.illibraio.it

ISBN 978-88-3331-600-0

Ciò che conta è la bicicletta

La Petite Reine

«Chi si inerpica con fatica troverà,
ovunque vada, ali ad aspettarlo».
Henry Charles Beeching, *A Boy's Song*

«Questo è il futuro» dice Butch Cassidy mostrando a Etta Place dove sedersi sul manubrio della sua bicicletta. Quando B.J. Thomas comincia a cantare *Raindrops Keep Fallin' on My Head* sulle malinconiche note composte da Burt Bacharach, Butch ed Etta stanno già allontanandosi dalla fattoria in sella alla bici, lungo un sentiero sterrato.

È uno degli intermezzi musicali più famosi della storia del cinema. La canzone si aggiudicò un Oscar. Quando *Butch Cassidy* uscì nelle sale nel 1969, la locandina ritraeva la coppia in bicicletta. Per la cronaca, Paul Newman eseguì personalmente le acrobazie sulle due ruote. L'intermezzo rappresenta un momento centrale del film: non è solo la legge a dare la caccia ai due pistoleri Butch Cassidy e Sundance Kid, ormai sulla via del tramonto; anche il futuro – simboleggiato dalla bicicletta – li insegue. Nella scena in cui i protagonisti si apprestano ad abbandonare la loro fattoria-rifugio, Butch scaraventa la bici giù per una discesa, in un fosso: «Il futuro è tutto tuo, stupida bicicletta!» grida. Dentro il ruscello, le ruote rovesciate ticchettano fino a fermarsi. Per

Butch e Sundance è giunta l'ora di lasciare il West. Andranno in Bolivia per cercare di far rivivere il passato.

William Goldman basò la sceneggiatura originale – anch'essa vincitrice di un Oscar – sulla vita di Robert LeRoy Parker e Harry Longabaugh, una famigerata coppia di rapinatori di treni che faceva parte della banda del Mucchio Selvaggio. Nel 1901 i due banditi lasciarono il Wyoming per fuggire in Argentina. Si chiudeva un periodo di cambiamenti straordinari, non solo nel selvaggio West ma in tutto il mondo occidentale.

Per molte persone vissute nell'ultimo decennio dell'Ottocento, il futuro arrivò troppo in fretta. Quegli anni videro i primi collegamenti telefonici internazionali, la «corsa all'Africa», la nascita del Partito laburista inglese, la razionalizzazione e la codificazione degli sport a livello mondiale e le prime olimpiadi moderne. Furono scoperte l'eroina, il radio e la radioattività dell'uranio. A New York aprì il Waldorf-Astoria e a Parigi il Ritz. Durkheim inventò la sociologia. Tra le pietre miliari del pensiero sociale vi furono i diritti per i lavoratori e le pensioni di anzianità. I Rockefeller e i Vanderbilt accumularono fortune private di dimensioni mai viste. Nacquero la radiografia e la cinematografia. Verdi, Puccini, Čajkovskij, Mahler, Cézanne, Gauguin, Monet, William Morris, Munch, Rodin, Čechov, Ibsen, Henry James, W.B. Yeats, Rudyard Kipling, Oscar Wilde, Joseph Conrad e Thomas Hardy erano all'apice della loro creatività. Fu un decennio straordinario, il coronamento dell'epoca vittoriana.

Al centro di tutto questo c'era la bicicletta. Si stima che nel 1890 i ciclisti negli Stati Uniti fossero 150.000: il costo di una bicicletta era grossomodo pari a metà del reddito annuo di un operaio. Nel 1895 era sceso a qualche settimana di salario e ogni anno c'erano milioni di nuovi ciclisti.

Il tipo di bicicletta montata da Butch ed Etta prendeva il nome di *safety bicycle*. Era la prima bicicletta moderna, la conclusione della lunga ed elusiva ricerca di un veicolo a propulsione umana. La *safety bicycle* fu «inventata» in Inghilterra nel 1885. Tre anni più tardi, quando l'aggiunta delle gomme pneumatiche la rese confortevole, ebbe inizio la prima età dell'oro della bicicletta. Come scrisse Victor Hugo: «Si può resistere all'invasione degli eserciti; non si resiste all'invasione delle idee». Il «vangelo delle due ruote» si diffuse così rapidamente che la gente si chiedeva come mai una cosa tanto semplice fosse rimasta ignota per tanto tempo.

La fabbricazione delle biciclette si affrancò dalle sue radici di industria a domicilio per diventare un grande, enorme business. Le biciclette cominciarono a essere prodotte alla catena di montaggio; il processo di progettazione fu separato da quello di produzione; fabbriche specializzate fornivano componenti uniformati. Un terzo di tutti i brevetti registrati negli Stati Uniti negli anni Novanta dell'Ottocento aveva a che fare con le biciclette, tanto che a Washington c'era un intero edificio dell'Ufficio brevetti dedicato alla bicicletta.

Nel 1895 all'esposizione Stanley, la fiera campionaria dell'industria ciclistica che si teneva ogni anno a Londra, 200 aziende esposero un totale di 3000 modelli. Secondo la rivista *The Cycle*, quell'anno in Gran Bretagna furono prodotte 800.000 biciclette. Fabbri, armaioli e tutti coloro che avevano esperienza nella metallurgia abbandonavano la propria attività per andare a lavorare nelle fabbriche di biciclette. Nel 1896, l'anno in cui la produzione raggiunse il suo picco, 300 aziende statunitensi produssero un totale di 1,2 milioni di biciclette, rendendo quell'industria una delle più grandi della nazione. La Columbia, la più grossa di queste ditte con i suoi 2000 dipendenti delle officine di Hartfort, nel Connecticut, vantava una produzione di una bicicletta al minuto.

Alla fine del decennio la bicicletta era ormai diventata un pratico mezzo di trasporto privato per milioni di individui, il cavallo della gente comune. Per la prima volta nella storia, la classe lavoratrice acquistava mobilità. Ora che gli operai potevano fare i pendolari, i *tenements* affollati si svuotarono, le periferie si espansero e l'intera geografia delle città si modificò. In campagna la bicicletta contribuì ad ampliare il patrimonio genetico della popolazione: i certificati di nascita di quell'ultimo decennio dell'Ottocento mostrano come alcuni cognomi cominciarono a fare la loro comparsa lontano dalle località rurali a cui erano rimasti vincolati per secoli. Ovunque, la bicicletta rappresentò un catalizzatore delle campagne d'opinione per il miglioramento delle strade, spianando letteralmente la strada all'avvento dell'automobile.

I benefici della bicicletta sulla salute rispondevano al desiderio di miglioramento personale che caratterizzò quell'epoca: quegli stessi lavoratori che usavano la bicicletta per andare in fabbrica e alle miniere di carbone fondavano club ginnici e cori, biblioteche e società letterarie, e nei finesettimana pedalavano insieme come membri di circoli ciclistici. Ci fu un'esplosione di corse professionistiche e amatoriali. In America le competizioni su pista o nei velodromi divennero lo sport più seguito dal pubblico. Arthur A. Zimmerman, uno dei primi sportivi a diventare una star internazionale, vinse – prima da dilettante e poi da professionista – oltre mille corse in tre continenti, aggiudicandosi tra l'altro due medaglie d'oro ai primi campionati del mondo di ciclismo, che si tennero a Chicago nel 1893. In Europa le competizioni su strada raggiunsero una popolarità immensa. «Classiche» in linea come la Liegi-Bastogne-Liegi e la Parigi-Roubaix vennero organizzate per la prima volta nel 1892 e nel 1896 rispettivamente. Nel 1903 ci fu la prima edizione del Tour de France.

Negli spensierati anni Novanta l'idea di velocità seduceva in particolare gli americani: la consideravano un segno di civiltà. Grazie ai trasporti e alle comunicazioni, finirono per associare la velocità all'unificazione del loro smisurato paese. In sella a una bicicletta quell'idea diventava realtà. Alla fine del 1893 i corridori su pista superarono la barriera dei sessanta chilometri all'ora. La bicicletta eclissò il cavallo al trotto e divenne la cosa più rapida che circolava sulle strade. Con il trascorrere del decennio i progressi tecnologici resero il veicolo sempre più leggero e veloce. Nel 1891 l'inglese Monty Holbein stabilì il record del mondo delle ventiquattro ore in pista percorrendo 577 chilometri nel velodromo Herne Hill di Londra; sei anni dopo Mathieu

Cordang, un olandese appassionato di sigari, percorse 400 chilometri in più.

Una tipica bicicletta dell'epoca era a scatto fisso (senza cambi di rapporto né ruota libera), aveva un telaio d'acciaio, il manubrio leggermente ribassato, una sella in pelle e in genere era priva di freni (per frenare si doveva pedalare all'indietro). Le bici da strada pesavano di solito una quindicina di chili, quelle da corsa meno di dieci, che è più o meno il peso delle migliori biciclette da corsa su strada dei nostri giorni. Il 30 giugno 1899 Charles Murphy divenne il più famoso ciclista d'America percorrendo un miglio in 57,45 secondi dietro una locomotiva lanciata lungo la Long Island Railroad, su assi posati tra i binari.

La bicicletta veniva incontro alla richiesta di indipendenza e mobilità della società *fin de siècle*. La *safety* avvicinò interi nuovi gruppi sociali alle due ruote: anziani e ragazzi (modelli per bambini furono commercializzati fin dai primi anni Novanta), persone basse e fuori forma, uomini e donne. Per la prima volta tutti potevano andare in bicicletta. Grazie alla produzione di massa e a un fiorente mercato dell'usato quasi tutti potevano permettersene una. Come scrisse all'epoca l'autore statunitense Stephen Crane: «Tutto è bicicletta».

Forse l'effetto maggiore che ebbe la bicicletta fu quello di rompere le rigide barriere di classe e di sesso che avevano retto fino ad allora. C'era una carica di democrazia nella bicicletta a cui la società non era in grado di opporre resistenza. H.G. Wells, descritto da uno dei suoi biografi come lo «scrittore laureato dei ciclisti», utilizzò la bicicletta in molti romanzi per illustrare i drammatici cambiamenti sociali che avevano luogo in Gran Bretagna. In *The Wheels of Chance*, pubblicato nel 1896, quando il boom della bicicletta era all'apice, il protagonista, un piccolo borghese di nome Hoopdriver, commesso in un negozio di tessuti, conosce durante una vacanza in bicicletta una giovane donna dell'alta borghesia che se n'è andata di casa per esibire «la propria libertà – su una bicicletta, in luoghi di campagna». Nel romanzo Wells mette in satira il classismo della società britannica e mostra come la bicicletta la stesse erodendo. Sulla strada, Hoopdriver e la giovane donna sono uguali. L'abbigliamento, i club, i codici di comportamento, le buone maniere e le regole di moralità con cui la società rafforzava la gerarchia esistente scomparivano quando si pedalava lungo una strada di campagna nel Sussex.

Il romanziere John Galsworthy scrisse:

> Sarebbe difficile negare che [la bicicletta] abbia influito sull'evoluzione dei costumi, nei due ultimi secoli, assai più di ogni altra cosa ed evento [...]. La sua influenza portò [...] all'incremento delle gite domenicali, delle belle gambe, dei nervi solidi, dei calzoni corti, del linguaggio sboccato, dell'eguaglianza dei sessi, della buona digestione e via di seguito, insomma dell'emancipazione femminile.*

Più che istigarlo, l'avvento della bicicletta coincise con il movimento femminista. Nondimeno fu un punto di svolta nella lunga lotta per il suffragio delle donne. Ovviamente i fabbricanti di biciclette volevano che le donne pedalassero. Costruivano modelli per signore fin da quando era stato realizzato il primo prototipo di bicicletta, nel 1819. Ma la *safety bicycle* cambiò tutto. Il ciclismo divenne la prima attività fisico-atletica popolare per donne. Nel 1893 quasi tutti i fabbricanti producevano un modello per signore.

Nel settembre 1893 suscitò scalpore in tutta l'Inghilterra l'impresa di Tessie Reynolds, che in sella a una bicicletta da uomo andò da Brighton a Londra e ritorno indossando un «abbigliamento razionale»: una lunga giacca sopra un paio di ampi pantaloni a campana raccolti e fissati sotto il ginocchio. Fu un punto di svolta nell'accettazione di indumenti pratici per le donne, che ancora pedalavano in gonne voluminose,

* John Galsworthy, *La borsa dei Forsyte*, tr. it. di Elio Vittorini, Mondadori, Milano 1939. *[n.d.t.]*

corsetti, sottogonne, camicie con le maniche lunghe e giacche con collari stretti. In seguito, quando nel 1912 la campagna di disobbedienza civile delle suffragette raggiunse il suo apice, quell'episodio fu considerato una pietra miliare sul cammino dell'emancipazione.

Miss Londonderry.

Nel giugno del 1894 Annie Londonderry partì da Boston con alcuni indumenti di ricambio e un revolver col calcio in madreperla per compiere il giro del mondo in bicicletta. Brillante, intelligente, carismatica – la Becky Sharp* della sua epoca –, Annie scelse deliberatamente di prendersi sulle spalle la causa dell'uguaglianza femminile. Fu un modello di «Donna nuova», l'appellativo con cui gli americani chiamavano le donne moderne che si mettevano su un piano di parità con gli uomini. La bicicletta, definita «macchina della libertà» dallo storico Robert A. Smith, conferiva potere alla «Donna nuova».

«La posizione che sta assumendo in questioni di abbigliamento è un indizio tutt'altro che piccolo del fatto che la donna ha compreso di avere gli stessi diritti dell'uomo quanto al controllo dei propri movimenti» dichiarò Susan B. Anthony. Essendo la più influente suffragetta dei suoi tempi, divenuta famosa in seguito al suo arresto per aver votato alle elezioni presidenziali del 1872, sapeva bene di cosa stava parlando. In un'intervista rilasciata al *New York Sunday World* nel 1896, affermò:

* È la protagonista del romanzo di William Thackerey *La fiera delle vanità. [n.d.t.]*

> Mi lasci dire che cosa penso del ciclismo. Penso che abbia contribuito a emancipare le donne più di ogni altra cosa al mondo [...]. Dà alla donna un senso di libertà, di autosufficienza [...] nel momento in cui si siede in sella, la donna sa di non correre rischi a meno che non smonti dalla sua bicicletta, e parte, l'immagine di una femminilità libera, non intralciata.

All'epoca in cui Butch e Sundance erano diretti in Sudamerica, la bicicletta si era ormai guadagnata un consenso generalizzato penetrando in profondità nei gangli della società. In un decennio il ciclismo si era trasformato da passatempo per cultori appassionati, riservato a una piccolissima élite di maschi atletici e agiati, nella forma di trasporto più popolare del pianeta. Lo è ancora oggi.

La bicicletta è una delle più grandi invenzioni dell'uomo, accanto alla stampa, al motore elettrico, al telefono, alla penicillina e al World Wide Web. I nostri avi la consideravano una delle loro conquiste più importanti. Oggi quest'idea sta tornando di moda. Il prestigio culturale della bicicletta è di nuovo in ascesa. Questo veicolo sta radicandosi sempre più nella società occidentale grazie alla progettazione di infrastrutture urbane, alle politiche dei trasporti, all'interesse per l'ambiente, alle forme che assume il ciclismo come sport e come attività di svago. Si vocifera persino che oggi potremmo essere all'alba di una nuova epoca d'oro della bicicletta.

La bicicletta può essere descritta con meno di cinquanta parole: un veicolo governabile che comprende due ruote con gomme pneumatiche montate in linea su un telaio con una forcella anteriore girevole, azionato dai piedi del ciclista che agiscono su pedali attaccati tramite pedivelle a una corona dentata e, tramite una catena, a pignoni fissati alla ruota posteriore. È molto semplice. In bicicletta si può viaggiare, su un terreno adatto e a parità di sforzo, a una velocità quattro o cinque volte superiore a quella con cui si cammina, il che la rende il mezzo di trasporto a propulsione umana più efficiente che sia mai stato inventato. Per fortuna imparare ad andare in bicicletta è facile (così facile, anzi, che anche molti dei nostri cugini primati ci sono riusciti). E, una volta che lo si è imparato, non lo si dimentica più.

Ho pedalato per la maggior parte dei giorni della mia vita adulta. Eppure non ricordo la prima volta che andai in bicicletta da bambino. So che in teoria dovrei. Dovrei ricordare perfettamente quel momento di rivelazione che tutti abbiamo vissuto, quando furono tolte le rotelle dalla mia bici sul declivio di un parco; quando mio padre ritrasse la mano e io mi mossi in avanti sbandando per raggiungere quel perfetto equilibrio che non mi abbandonerà mai; il momento in cui riuscii, pur vacillando, ad agire inconsciamente sullo sterzo per mantenere i punti d'appoggio della bicicletta sotto il baricentro, e per la prima volta compresi quel principio esoterico che è il bilanciamento. E invece no, temo di non ricordarmelo. Anzi, non ricordo nemmeno la mia prima bicicletta.

La prima bicicletta di cui ho memoria era una Raleigh Tomahawk di colore viola, la versione in miniatura di un chopper. Passai poi a una Raleigh Hustler: viola anch'essa, e personalizzata con del nastro bianco sul manubrio, una sella bianca, una borraccia bianca, guaine bianche e gomme bianche. Erano gli anni Settanta. Quando divenni troppo grande per quella bici, intervenne mia nonna con una Dawes di quinta mano, una comune bici da strada per ragazzi con cambio a tre rapporti. Rispetto alla Hustler aveva l'eleganza di una tuta da lavoro, ma volava. Nell'estate del 1978 pedalavo nei dintorni di casa mia dall'alba al tramonto. I miei genitori capirono che avevo preso il virus delle due ruote. La primavera seguente ricevetti una Viking da corsa

a dieci rapporti, un purosangue nero. Era nella vetrina del locale negozio di biciclette quando andai a ritirarla. «Sei mai andato in bicicletta?» scrisse Jack London. «Ecco una cosa che rende la vita degna di essere vissuta! [...] Afferrare il manubrio e piegarvisi sopra, scattare sfrecciando per vie e strade, oltre binari e ponti, infilarsi tra la folla [...] e domandarsi per tutto il tempo dove andrai a schiantarti. Be', questa sì che è una gran cosa!» Era proprio così che mi sentivo sulla mia Viking da corsa. Ero nato irrequieto. A dodici anni misi finalmente le ali.

Quando atterrai ero un adolescente. Il virus – pedalare, e per il puro amore di farlo – se n'era andato. Abbandonai la cadenza ritmata delle due ruote per il suono ritmato del Two Tone Ska. Naturalmente continuavo a usare una bicicletta per andare in giro: ebbi tre bici da corsa malridotte e poco amate. All'inizio dell'ultimo anno d'università, il mio compagno d'appartamento arrivò su un tandem rosso. Facevamo prove cronometrate attorno agli isolati di edifici georgiani, alla luce della luna. Era una bici molto onesta e molto rossa. Decidemmo di darle un nome: Otis.

Nel 1990 comprai la mia prima mountain bike. Era una Saracen Sahara; rigida, senza fronzoli, di fattura inglese. La usai per andare da Kashgar in Cina a Peshawar in Pakistan, passando per le montagne del Karakorum e dell'Hindukush. Una volta tornato a Londra, con un impiego in uno studio legale, la Saracen fece qualcosa di più che portarmi in giro: rappresentava la vita oltre i miei gessati avvocateschi. Poi mi venne rubata. Seguì una serie di mountain bike modificate per l'uso cittadino; una Kona Lava Dome, due Specialized Stumpjumper, una Kona Explosif e altre ancora. Mi furono tutte rubate. Una volta me ne rubarono due nel giro di un solo finesettimana. Ci furono escursioni lungo il Ridgeway, sul Dartmoor e nel Lake District, ma nella maggior parte dei casi queste biciclette mi trasportavano attraverso le viscere di Londra.

Un gelido sabato pomeriggio del 1995 entrai alla Robert Cycles, una stimata ditta di telai in South London, e ordinai un telaio su misura per una bici da cicloturismo. La chiamai «Manannan», come il personaggio della mitologia celtica Manannan mac Lir, protettore dell'isola di Man, dove sono cresciuto. Con quella bicicletta attraversai gli Stati Uniti, l'Australia, il Sudest Asiatico, il subcontinente indiano, l'Asia centrale, il Medio Oriente e l'Europa; di fatto, ci feci il giro del mondo. Il meccanico di biciclette americano Lennard Zinn ha scritto: «Sii tutt'uno con l'universo. Se non ci riesci, sii almeno tutt'uno con la tua bici». Dopo tre anni e 40.000 chilometri, io lo ero.

Oggi Manannan è appesa al muro nella mia rimessa. Possiedo altre cinque biciclette: una Specialized Rockhopper in acciaio, vecchia di dieci anni, che risistemo di continuo in modo da mantenerla in condizioni di utilizzo per i miei spostamenti giornalieri da pendolare. La mia vecchia bici da strada, da usare d'inverno, è un guazzabuglio di componenti diversi su un telaio Nervex in alluminio con forcelle Ambrosio in carbonio. La nuova bici da strada è una Wilier, con un lucente telaio in carbonio disegnato in Italia e costruito a Taiwan. La mia vecchia mountain bike è invece una Schwinn. Quella nuova è il mio acquisto più recente: una Felt superleggera in alluminio senza sospensione posteriore, perfetta per le escursioni campestri nel Brecon Beacons, dove oggi vivo e pedalo.

Questa piccola truppa di biciclette infaticabili copre le mie esigenze di base. Eppure c'è qualcosa di fondamentale che ancora mi manca. Come decine di migliaia di comuni ciclisti che posseggono mezzi funzionali, mi rendo conto che c'è un vuoto evidente nella mia rimessa per le biciclette, uno spazio cavernoso che attende di essere riempito con qualcos'altro, qualcosa di speciale. Sono nel bel mezzo di una storia d'amore senza fine con la bicicletta, e nessuna delle bici che possiedo ha qualcosa a che vedere con questa infatuazione.

Vado in bicicletta da trentasei anni. Oggi uso la bici per andare al lavoro (qualche volta per lavoro), per tenermi in forma, per lasciarmi inondare di aria e di sole, per fare la spesa, per fuggire quando il mondo mi rompe le scatole, per gustare la sensazione di cameratismo fisico ed emotivo che mi dà pedalare con gli amici, per mantenermi sano di mente, per sottrarmi all'ora del bagnetto coi miei figli, per divertimento, per viaggiare, per vivere un momento di grazia, di tanto in tanto per fare impressione su qualcuno, per spaventarmi e per sentire il mio bambino ridere. Qualche volta vado a pedalare senz'altro motivo che pedalare. È un ampio ventaglio di ragioni le più diverse – pratiche, fisiche ed emotive – unite da una cosa: la bicicletta.

Ho bisogno di una nuova bicicletta. Potrei collegarmi subito a internet e con una carta di credito spendere 3.000 sterline per comprarmi una bici da corsa in carbonio o in titanio fatta in serie. E domani al tramonto potrei superare di slancio le colline su un nuovo fantastico mezzo. La tentazione è forte, molto forte. Ma non è giusto. Come capita a molti altri, la trafila di acquistare oggetti progettati per essere sostituiti in fretta mi risulta frustrante. Voglio spezzare il circolo vizioso con questa bicicletta. Voglio assaporare il piacere di procurarmela. Voglio la migliore che possa permettermi, e voglio invecchiare con lei. Oltretutto, spenderò tut-

ON TOUR: TRACING THE DAY'S ITINERARY.

to il denaro necessario una volta sola. Ho bisogno di qualcosa di più di una buona bici. Ho bisogno di una bici che non si possa acquistare su internet; una bici che non si possa acquistare da nessuna parte. Chiunque usi regolarmente una bicicletta e provi anche solo un briciolo di rispetto o di affetto per il proprio destriero capirà questo mio desiderio: voglio la *mia* bicicletta.

Ho bisogno di un veicolo talismanico che in qualche modo rispecchi la mia storia ciclistica e porti in sé le mie aspirazioni ciclistiche. Voglio artigianato, non tecnologia; voglio che la mia bicicletta sia costruita da mani umane; voglio una bicicletta che possieda un carattere; una bicicletta che non sarà mai il modello dell'anno. Voglio una bicicletta che mostri il mio apprezzamento per la tradizione, la cultura e la bellezza delle biciclette. Il nomignolo che i francesi danno alla bicicletta è *La Petite Reine*; io voglio la mia «piccola regina».

So da dove iniziare. Il telaio della bici verrà realizzato su misura, e a mano, da un artigiano. Pochi lo sanno, ma è possibile farsi fare un telaio su ordinazione, progettato per adattarsi alla vostra corporatura e messo a punto per il tipo di uso che farete della bicicletta, per un prezzo parecchio inferiore a quello di molti esotici telai costruiti in serie che si vendono nei negozi. Sessant'anni fa, in ogni città del Nord Italia, della Francia, del Belgio e dell'Olanda c'era almeno un fabbricante di telai. Nelle metropoli della Gran Bretagna, dove la concentrazione industriale era maggiore, ce n'erano a dozzine. Mentre un pugno di grandi aziende come la Rudge-Whitworth, la Raleigh e la BSA in Gran Bretagna, la Bianchi in Italia e la Peugeot in Francia soddisfacevano le richieste delle grandi masse di ciclisti, piccole imprese di fabbricanti di telai costruivano biciclette per soci di circoli amatoriali, corridori, cicloturisti e intenditori. Questi artigiani producevano poche decine di telai all'anno, con una grande attenzione ai dettagli e con finiture personalizzate. Tim Hilton, nelle sue affettuose memorie dedicate alla scena ciclistica del dopoguerra, *One More Kilometre and We're in the Shower*, chiamava questi telai costruiti a mano «arte popolare industriale». I semplici attrezzi del mestiere – lime, seghetti a mano, cannelli e uno strumento per tenere i tubi in posizione durante la brasatura – collegavano i fabbricanti di telai a un'innovativa cultura artigiana che risaliva agli albori della fabbricazione di biciclette. Persino la Raleigh aveva iniziato come piccola officina che nel 1888 produceva tre biciclette alla settimana.

Nel 1951, la Raleigh era arrivata a produrne 20.000 alla settimana. Nei primi anni Cinquanta del secolo scorso l'industria della bicicletta in Europa raggiunse vertici da capogiro. C'erano dodici milioni di ciclisti abituali nella sola Gran Bretagna. Mentre le grandi industrie del settore prosperavano, anche i piccoli costruttori di telai conobbero un boom. Oggi soltanto i collezionisti ne ricordano i nomi: Major Nichols e Ron Cooper in Gran Bretagna, Alex Singer e René Herse in Francia, Faliero Masi e Francesco Galmozzi in Italia, per citarne solo una manciata tra centinaia.

Fino alla fine degli anni Cinquanta la bicicletta rimase la forma di trasporto principale per i lavoratori di tutta Europa. In Gran Bretagna, il ciclismo era anche la più popolare attività per il tempo libero. Le città si svuotavano di giovani nei finesettimana. La campagna inglese, già oggetto di un eccesso di idealizzazione da parte di pubblicitari e scrittori, si riempiva all'inverosimile di ciclisti entusiasti a caccia di beatitudini bucoliche.

Ma l'automobile era in agguato. Dai tre milioni e mezzo di biciclette vendute in Gran Bretagna nel 1955 si scese a due milioni nel 1958. La Mini arrivò sul mercato nel 1959. Le piccole ditte di telai cominciarono a scomparire. Ci fu un breve revival negli anni Settanta, quando la crisi del petrolio creò un'esplosione della domanda negli Stati Uniti. Per qualche anno gli americani ebbero difficoltà a procurarsi i leggeri telai da corsa britannici e italiani abbastanza in fretta. Alcuni giovani in preda al sacro fuoco attraversarono l'Atlantico per imparare l'arte di costruire telai a Londra e a Milano. Richard Sachs, Ben Serotta e Peter Weigle – che oggi sono una sorta di Santa Trinità tra i costruttori di telai americani – hanno fatto tutti il loro apprendistato negli anni Settanta presso una ditta inglese un tempo molto nota, la Witcomb Cycles di Depford, a sudest di Londra. A metà degli anni Settanta, la percezione culturale della bicicletta in Gran Bretagna aveva toccato il fondo. La bicicletta non era più considerata una valida forma di trasporto: era un giocattolo o, peggio, una seccatura. Solo oggi questa visione della bicicletta comincia a essere messa seriamente in discussione. Quando lavoravo come avvocato a Londra nei primi anni Novanta, facevo il pendolare in bicicletta. La maggior parte della gente pensava che fossi, nel migliore dei casi, un tipo strambo. Pedalavo tutti i giorni per Hyde Park e conoscevo per nome quasi tutti gli altri pendolari che usavano la bicicletta, così poco numerosi eravamo. Nelle vie della città c'era un'evidente ostilità tra ciclisti e automobilisti. I raduni mensili della Critical Mass erano sostanzialmente manifestazioni anarchiche che spesso finivano in una serie di scontri con la polizia. I corrieri in bicicletta in stile *heroin-chic* erano i portabandiera del movimento: penetravano come coltelli nel traffico bloccato, infilandosi in spazi minuscoli, ebbri dei fumi degli scappamenti e del sentore della rabbia impotente degli automobilisti.

Il negozio di biciclette da cui mi servivo vicino a Holborn era uno dei preferiti da questa classe di corrieri-guerrieri. Un venerdì sera passai dal negozio dopo il lavoro per ritirare la mia bicicletta. Avevo spezzato una pedivella. Il meccanico spinse la bici fuori dall'officina passando accanto a tre corrieri che si passavano una lattina di Tennent's Extra. La vecchia pedivella, un pezzo d'alluminio, era fissata al manubrio con un giro di nastro adesivo.

«Che cosa me ne faccio?» dissi, indicando la vecchia pedivella. Guardai il meccanico che guardò i corrieri, che guardarono il meccanico, che mi guardò. Evidentemente pensavano che dovessi sapere cosa farne, anche se indossavo un gessato grigio. Dopo una lunga pausa, il corriere che stava al centro del gruppetto mi fissò con occhi spiritati e disse: «Devi... ficcarlo... nel... parabrezza... di... una... fottuta... auto!»

Trasferirmi nel Brecon Beacons in Galles sette anni fa fu un'altra rivelazione sulla percezione culturale della bicicletta. A quell'epoca, in città almeno c'era un numero crescente di persone che riconoscevano i benefici per la salute e per la mobilità che la bicicletta offriva. In campagna si andava in bicicletta solo quando si era persa la patente di guida. Per un agricoltore delle colline del Galles non potevano esserci altre ragioni. Punto. I locali mi osservavano pedalare dentro e fuori Abergavenny tutti i giorni con aria interrogativa.

Cinque mesi dopo che mi ero trasferito, mi trovavo in un pub in cima a una collina, un venerdì sera. Un tipo anziano che conoscevo solo per il nome della sua fattoria mi prese sottobraccio e mi condusse gentilmente a un angolo del bancone. «Vedo che ti muovi in bicicletta» mi disse fissandomi con uno sguardo severo. «Da quanto tempo hai perso la patente, ragazzo?» Gli spiegai che non avevo perso la patente; che avevo deciso di andare in bicicletta tutti i giorni perché mi piaceva farlo. Mi fece l'occhiolino e si picchiettò con un dito nodoso il naso screpolato dal vento. Un anno dopo l'agricoltore mi prese nuovamente da parte al pub, un venerdì sera. Questa volta il suo sguardo era persino più severo. «Vedo che ti muovi ancora in bici, ragazzo» mi disse. «Ormai è un bel pezzo che ti hanno sospeso la patente. A me puoi dirlo... Hai fatto qualcosa di terribile in auto? Hai ucciso un bambino?»

I migliori fabbricanti di telai artigianali hanno più cose in comune con gli artigiani che realizzano gli orologi Patek Philippe, le chitarre Monteleone o le camicie Borelli che non con le grandi aziende che sfornano senza sosta telai in carbonio e in alluminio in fabbriche dell'Estremo Oriente. Non moltissimo tempo fa, una buona parte degli oggetti che possedevamo vibrava della perizia, e persino dell'idealismo, delle persone che li avevano realizzati: il fabbro che costruiva i nostri utensili, il calzolaio, il tornitore, il falegname, il carraio, la cucitrice e il sarto che confezionavano gli abiti che indossavamo. Conserviamo gelosamente le cose che sono state ben costruite; col tempo, il valore che hanno per noi aumenta e quando le usiamo arricchiscono la nostra vita. Il telaio è l'anima della bicicletta. Il telaio della mia bicicletta sarà costruito in un unico esemplare, in acciaio.

La bicicletta avrà l'aspetto di una bici da corsa, ma verrà adattata con cura per soddisfare le mie esigenze di ciclista. Sarà, se volete, una bicicletta « da cavalcare ». Non ho intenzione di prender parte a competizioni, ma userò questa bici regolarmente e andrò veloce. La userò per girare nel Brecon Beacons e per la Gran Bretagna. La userò per fare qualche « gran fondo » insieme ai miei amici e in gruppi di cicloamatori. La userò per percorrere i Pirenei in tutta la loro lunghezza, per valicare il Col du Galibier, per raggiungere la vetta del Mont Ventoux e per volare lungo la Pacific Coast Highway. Quando mi sentirò giù, la userò per andare al lavoro. E quando avrò settant'anni la userò sicuramente per andare al pub.

I componenti – il manubrio, l'attacco manubrio, la forcella, lo sterzo, i mozzi, i cerchi, i raggi, il movimento centrale, il meccanismo della ruota libera, la corona, i pignoni, la catena, i deragliatori, le pedivelle, i freni, i pedali e la sella – verranno scelti per adattarsi al telaio. Non saranno i componenti più leggeri o più moderni sul mercato. Saranno semplicemente quelli di miglior fattura. Le ruote saranno costruite a mano. Andrò a visitare officine e fabbriche in Italia, America, Germania e Gran Bretagna per assistere alla realizzazione di tutti i componenti che voglio sulla mia bici. Preso singolarmente, ciascuno sarà qualcosa di speciale; tutti insieme, comporranno la bici dei miei sogni.

La bicicletta mi salva la vita ogni giorno. Se vi è capitato di sperimentare un momento di estasi o di libertà su una bicicletta; se vi è capitato di fuggire dalla tristezza al ritmo di due ruote mulinanti, o di sentire la speranza rinascere pedalando sulla cima di un'altura con la fronte imperlata dalla rugiada della fatica; se vi è capitato di chiedervi, gettandovi in picchiata come uccelli giù per una lunga discesa in bicicletta, se il mondo si fosse fermato; se vi è capitato, anche una sola volta, di stare seduti su una bicicletta con il cuore che cantava e la sensazione di essere un comune mortale in contatto con gli dèi, allora voi e io condividiamo qualcosa di fondamentale. Sappiamo che ciò che conta è la bicicletta.

1. Un'anima d'acciaio

Il telaio

«Se è sufficiente tendere una banconota perché una bicicletta 'm'appartenga', mi ci vorrà tutta la vita per realizzarne il possesso».

Jean-Paul Sartre

«Tutto sommato non è un disastro completo» mi dice Brian Rourke con la sua morbida erre arrotata delle Potteries. Se ne sta un po' in disparte, con una mano sul mento e l'altra posata su un fianco, rivolta all'insù, e mi osserva mentre sono a cavalcioni della mia bicicletta. Con il suo aspetto agile e vigoroso, come se rifiutasse di riconoscere i suoi settant'anni, Brian è una buona pubblicità per una vita in bicicletta. «Adesso scendi dalla bici mentre vado a prendere qualcosa».

La Brian Rourke Cycles occupa un'ex palestra di squash a Stoke-on-Trent. Dabbasso c'è un piccolo negozio di biciclette. Al piano di sopra, il vecchio bar della palestra è stato trasformato nell'ufficio di Brian, dove il titolare prende le misure ai clienti. È un santuario dedicato allo sport delle corse ciclistiche su strada. Su una parete ci sono copertine di riviste incorniciate che ritrag-

gono corridori in testa al gruppo su telai Rourke; ci sono foto di Merckx, Gimondi, Kelly e di altri giganti dello sport; immagini iconiche del Tour de France; la bicicletta usata da Mario Cipollini nel Tour del 1998; una fila di coppe argentate e altri cimeli arcani. A destra della porta c'è la giacca in lana merino da campione del mondo di Tommy Simpson, l'intrepido antieroe del ciclismo britannico che ebbe un collasso e morì col sangue pieno di droghe e di alcol durante una tappa del Tour de France, il 13 luglio 1967, in una giornata di calura infernale, col termometro che segnava 45 gradi.

Sulla parete opposta c'è una fotografia di Brian accanto a Nicole Cooke, la straordinaria ciclista britannica, campionessa olimpica in carica della prova in linea. «Viene nel mio negozio fin da quando aveva dodici anni» mi rivela Brian. «Ha vinto quattro campionati del mondo juniores su telai Rourke. Ragazza meravigliosa». Più defilata c'è una foto di Brian giovane che affronta una curva piegato sulla sua bici, le mani strette sul manubrio, lo sguardo fisso avanti, affamato, teso nell'azione.

«Sì, sì, per un po' ho gareggiato» dice, rientrando come un uragano nel locale. In realtà ha gareggiato eccome. Nel suo periodo migliore partecipò con la squadra britannica a tre edizioni della Milk Race e fu campione nazionale. La Carlton e la Falcon, due tra le più importanti squadre professionistiche britanniche, gli offrirono un contratto, ma a quel tempo non si facevano i soldi correndo da professionisti. «Smisi nel 1967. Fu un peccato in effetti, ma non posso lamentarmi». La perdita per il ciclismo agonistico si tradusse in un guadagno per l'industria dei telai: da allora, quasi immediatamente dopo aver abbandonato le corse,

Brian progetta biciclette fatte a mano su misura per i suoi clienti. E in tutto questo tempo non gli sono mai mancati gli ordini. Secondo una mia stima, deve aver eseguito la procedura a cui adesso mi sta sottoponendo più o meno 5000 volte.

Mi è stato detto che nel Regno Unito i fabbricanti di telai dell'epoca d'oro delle biciclette su misura, attorno alla metà del ventesimo secolo, uomini come Harry Quinn di Liverpool e Jack Taylor di Stockton-on-Tees, erano in grado di prendervi le misure nell'attimo in cui oltrepassavate la porta della loro bottega. Avevano una tale esperienza che gli bastava darvi un'occhiata per capire le dimensioni del telaio adatto a voi.

C'è un sistema più affidabile per progettare un telaio su misura che risale a quegli anni e rimane popolare ancora oggi. Consiste nel misurare le varie parti del corpo e tradurle nelle dimensioni del telaio. Altezza del cavallo, lunghezza del torso, del braccio, del femore, dell'avambraccio, ampiezza delle spalle, misura del piede, altezza complessiva e peso sono tutti fattori che rientrano nell'analisi. Anche in questo caso, l'esperienza di chi progetta e allestisce il telaio risulta fondamentale.

Oggi, sia per gli atleti professionisti sia per i dilettanti facoltosi esistono vari sistemi high-tech per stabilire le dimensioni del telaio ideale. Questi metodi si basano su un approccio scientifico alla biomeccanica della pedalata e utilizzano sistemi per catturare i movimenti che elaborano dati presi da specifici punti anatomici del ciclista, fornendo una visione in tempo reale della posizione in sella e dell'azione sui pedali con diversi carichi di lavoro. Di solito il ciclista si sistema su un'apparecchiatura basculante regolabile: un semplice telaio montato su una macchina che fornisce trazione quando si pedala.

Naturalmente per la maggior parte delle persone l'acquisto di una bicicletta comporta una «procedura di misurazione» che si conclude in meno di quindici minuti: il commesso del negozio vi fa sedere su tre biciclette diverse, una dopo l'altra, trattiene la vostra carta di credito mentre voi fate un giro di prova intorno all'isolato, e quando rientrate nel negozio pagate. Fatto.

Il metodo di Brian è diverso, ed è la ragione che mi ha condotto da lui la prima volta. Nel Regno Unito è rimasta solo una manciata di telaisti: una dozzina per cui è un'attività imprenditoriale e altrettanti che lo fanno per puro hobby. Un piovoso finesettimana di marzo mi misi in viaggio per visitarne quanti più possibile. Mi spostai a zigzag per il paese andando da Bristol a Bradford e passando per Derby, Leeds, Sheffield e Manchester. Nel garage di una villetta bifamiliare di periferia vidi Lee Cooper fabbricare eleganti telai in acciaio per il mercato londinese delle bici a scatto fisso. Neil Orrell mi fece vedere uno dei suoi esclusivi telai da pista progettati in pezzi unici e le foto di una bicicletta che aveva costruito per un uomo di due metri e tredici. Alla Pennine Cycles, Paul Corcoran mi raccontò di come il fondatore della piccola fabbrica, Johnny Mapplebeck, si fosse innamorato delle bici da corsa italiane durante la campagna degli Alleati in Italia. Quando fu congedato dall'esercito, cominciò a costruire telai con nomi come *Scelta dei campioni* o *Re della corsa*, nomi che dovevano suonare esotici nello Yorkshire del dopoguerra. Alla Bob Jackson Cycles di Leeds stavano imballando dei telai da spedire in America. Conobbi l'esuberante titolare, Donald Thomas. Amava così tanto la sua bicicletta Bob Jackson che aveva deciso di acquistare la ditta.

Alla Mercian Cycles, dove tre artigiani lavorano a tempo pieno in un'officina che non doveva essere cambiata molto in mezzo secolo, Grant Mosley mi spiegò come invece la clientela *fosse* cambiata: «Erano tutti membri di circoli ciclistici quando iniziai. Con il declino degli anni Settanta rimasero solo gli irriducibili; sa, la brigata di quelli in calzini corti, sandali e barbe. Oggi sono giovani professionisti».

Fu un viaggio delizioso, corroborato da innumerevoli tazze di tè. Ovunque, vidi l'orgoglio di chi si dedica a una manifattura di qualità, e un legame con la tradizione dell'artigianato britannico che per un secolo ha stabilito standard di eccellenza nel mondo. Avrei voluto farmi fare una bicicletta da ognuno di loro, ma poiché ero alla ricerca di un'*unica* bicicletta, scelsi la Brian Rourke Cycles.

Giustificare quella scelta fu facile. Brian era stato un corridore, non solo da giovane, ma anche da «veterano». Aveva vinto il campionato nazionale veterani a quarant'anni e poi di nuovo a cinquanta. Le biciclette da corsa lui le ha nel sangue, e io volevo una bici da corsa. Le conoscenze e la passione di suo figlio Jason, che avrebbe materialmente saldato il mio telaio, erano evidenti. Mi piacevano i ragazzi che lavoravano nell'officina. Pensavo che non solo avrei ottenuto un telaio di fattura squisita, ma che sarebbe stato divertente anche farmelo «cucire addosso», osservare come sarebbe stato realizzato e dipinto, e infine assistere all'assemblaggio della bicicletta alla Rourke Cycles. Soprattutto, sapevo che l'esperienza di Brian nel confezionare le biciclette su misura per suoi clienti e nel progettare i telai era senza pari.

A Brian piace che i suoi clienti vengano in negozio con la loro bicicletta. Poi lui regola o «setta» quella bici in modo che la posizione assunta dal cliente sia assolutamente perfetta. Spesso i clienti vengono invitati a tornare dopo aver provato le nuove regolazioni ed essersi assicurati che siano confortevoli. Quando tutti sono soddisfatti, le misure della vecchia bicicletta vengono usate come guida e Brian disegna il nuovo telaio. È una procedura semplice e pratica, che si basa molto sulla sua esperienza. «Qualche cliente vorrebbe limitarsi a darmi le dimensioni della vecchia bici per telefono e farsi costruire la sua nuova bicicletta da noi. Non lo accontento. Mi piace osservare attentamente tutti i miei clienti prima di iniziare a lavorare» mi dice.

Durante le due ore in cui ero rimasto nel negozio, aveva modificato l'altezza della sella della mia bici da corsa Wilier incrementandola di quantità impercettibili tre o quattro volte e poi l'aveva spostata indietro di un centimetro sul carrello; aveva sostituito l'attacco manubrio con uno più lungo di 20 millimetri; infine, aveva cambiato il mio manubrio con uno nuovo, una curva di forma classica con un *drop* piccolo, «così ti sarà più facile raggiungere le leve dei freni», mi aveva detto. Nel frattempo la mia posizione sulla bicicletta si era modificata in modo significativo. Potevo sentirlo: la schiena era più dritta, il peso meglio distribuito. La nuova posizione dava una sensazione di maggior aerodinamicità, di maggior aggressività e, strano a dirsi, era anche più confortevole. Anche la bicicletta sembrava più bella: l'attacco più lungo e il nuovo manubrio le davano un aspetto più proporzionato. Era come inserire un dipinto nella giusta cornice, mi venne da pensare.

La metodologia che sta alla base della procedura di adattamento della bicicletta al ciclista è piuttosto semplice. «Sedere, mani, piedi: i tre punti di contatto con la bici» mi spiega Brian. Prima aveva regolato la sella all'altezza esatta. Poi l'aveva spostata indietro per far sì che la mia posizione mi garantisse la miglior azione di leva sui pedali. Infine si era occupato delle mie mani.

Brian fa di nuovo un passo indietro per osservare il risultato, posa per terra il suo lungo metro metallico e scribacchiando qualche appunto mi dice: «Prima eri un po' abbarbicato sulla tua bici, piantato lì come un mattone. Adesso ti vedo bene. Porta via la tua bicicletta. Torna tra un mese e faremo una pedalata insieme. Ti chiederò che sensazioni ti dà. Se vuoi una bicicletta fatta a mano, vuoi che sia la *tua* bicicletta, dico bene? Ti si deve adattare perfettamente, deve essere giusta per te, non per un altro».

Ed è proprio questa la ragione fondamentale per cui chiunque dovrebbe desiderare una bicicletta fatta a mano: vi si adatterà perfettamente, come un abito su misura confezionato in Savile Row. Ma ci sono tanti altri vantaggi importanti. Grazie ai consigli di persone esperte, potrete scegliere i valori ideali per i diametri dei tubi del telaio, per i loro spessori di parete e per le lunghezze delle zone di ispessimento, ottimizzando così il vostro feeling con la bicicletta; avrete un telaio progettato appositamente per il tipo di attività ciclistica che volete svolgere, per il terreno su cui intendete svolgerla e persino per il vostro stile di pedalata; potrete scegliere i migliori componenti disponibili adatti alle vostre tasche e il colore con cui sarà dipinto il telaio; inoltre, assaporerete il gusto di entrarne in possesso; da ultimo, quando la bici sarà completa e la porterete in strada, la gente si volterà a guardarla. Ma la cosa che conta davvero è che avrete una bicicletta che si adatterà perfettamente *a voi*, una bicicletta che vi permetterà di pedalare per anni senza accusare dolori. Le grandi aziende di biciclette producono nella maggior parte dei casi dalle cinque alle otto taglie per ogni modello, ma le taglie del genere umano non sono cinque, e nemmeno otto.

Per chiarire il proprio pensiero, Brian aveva portato la sua bici da corsa nel locale. Il telaio era stato costruito da Jason. Era una bicicletta magnifica, ovviamente, ma quando Brian vi saltò sopra appoggiando il proprio peso sui pedali e una spalla contro la parete, si verificò qualcosa di notevole. La bici cambiò aspetto. Si adattava così perfettamente a Brian che prese vita. Rispondeva a ogni sua minima sollecitazione, mentre lui spostava con movimenti rapidi le mani sul manubrio e trasferiva il proprio peso avanti e indietro.

Forse ancora più sorprendente era il fatto che Brian stesso cambiò. Salire sulla sua bicicletta gli tolse trent'anni. Quando infilò le mani nella parte bassa del manubrio e chinò il busto sul tubo orizzontale del telaio, gli occhi gli si accesero. Era pronto a gettarsi all'inseguimento di una fuga o a lanciare uno sprint in vista del traguardo. Il semplice fatto di sedersi sulla sua immacolata bicicletta su misura doveva richiamargli alla memoria emozioni così intense che tre decenni di duro lavoro e di logorio scomparvero in un istante. La sua bici era una fonte di giovinezza ed era elettrizzante esserne testimoni.

Ma non era quello il punto. Il vero punto divenne evidente quando Brian scese dalla bici, la girò e la spinse verso di me. Era così leggera da togliere il fiato; era ben bilanciata e tenerla tra le mani dava una sensazione deliziosa. Eppure, quando vi montai sopra come aveva fatto Brian, non ci furono metamorfosi. Non sembrava speciale sotto di me, né io mi sentivo speciale sopra di lei. Brian e io siamo alti uguali e abbiamo più o meno lo stesso peso, ma sotto molti altri aspetti i nostri fisici sono diversi. È improbabile che le dimensioni delle nostre braccia, del busto, delle gambe e della cosce siano le stesse. Quella era la bicicletta di Brian e mi fece desiderare più che mai la mia.

C'è un'eleganza semplice in un nudo telaio di bicicletta. Mentre guardavo la fila di telai fatti a mano appesi alla parete nel negozio di Brian, qualcosa mi colpì: anche se erano stati realizzati con tipi diversi di tubi, dipinti per soddisfare richieste diverse; anche se avevano angoli e dimensioni diverse; anche se sarebbero stati assemblati per realizzare biciclette di diverso tipo e utilizzati in modo molto diverso su vari tipi di terreno da persone diverse, erano tutti – fondamentalmente – simili. I telai avevano tutti la stessa forma: una losanga.

La prima bicicletta con un telaio a losanga – la Rover Safety – fu costruita nel 1885 nella poco amata città di Coventry. Fu chiamata *safety*, «di sicurezza», perché aveva le due ruote piccole e di uguali dimensioni, perché il baricentro del ciclista si trovava sopra la parte centrale della bicicletta e perché il ciclista poteva toccare il terreno con entrambi i piedi contemporaneamente. In breve, perché era sicura. Fu la prima bicicletta moderna, un veicolo che ancora oggi riconosceremmo e su cui saremmo in grado di pedalare.

Più tardi il suo «inventore», John Kemp Starley, in un discorso tenuto alla Royal Society of Arts, dichiarò:

> I princìpi fondamentali che mi hanno guidato nella realizzazione di questa macchina sono stati: posizionare il ciclista alla giusta distanza da terra [...] sistemare la sella nella posizione corretta rispetto ai pedali [...] sistemare le impugnature in una posizione tale rispetto alla sella per cui il ciclista possa esercitare la massima forza sui pedali con il minimo sforzo.

Era quasi esattamente quello che Brian mi aveva detto quella mattina. I punti in cui vengono posizionati le mani, i piedi e il posteriore su una bicicletta per ottenere l'efficienza, il controllo e il comfort ottimali sono una questione di semplice ergonomia, che è rimasta sostanzialmente immutata nel corso di un secolo.

Questi princìpi portarono Starley a progettare la forma più leggera, robusta, economica, rigida, compatta ed efficiente dal punto di vista ergonomico che un telaio di bicicletta potesse avere. Nel 1890 «ogni fabbricante degno di questo nome» a Coventry, Birmingham e Nottingham produceva un modello «sicuro». La *safety bicycle* spazzò via tutti i modelli che l'avevano preceduta: i velocipedi, gli *high-wheelers*, il *dwarf ordinary*, il Facile, il Kangaroo, i tricicli, i tandem a triciclo e a quadriciclo divennero obsoleti nel giro di qualche anno. La bicicletta aveva assunto la sua forma definitiva.

Altri modelli di biciclette sicure erano stati progettati e brevettati prima della Rover, ma Starley era animato dal desiderio di realizzare una bicicletta che tutti potessero usare facilmente: il suo progetto era il migliore. Starley aveva anche un buon fiuto per gli affari e presto si rese conto delle potenzialità del suo veicolo. Nel 1889 adottò la formula societaria della responsabilità limitata. Nel 1896 lanciò sul mercato azionario la J.K. Starley & Co con il nome di Rover Cycle Company. Il capitale servì a finanziare la costruzione del più grande stabilimento di biciclette di Coventry, città che all'epoca era il centro mondiale della manifattura della bicicletta, e gli permise di sopravvivere

alla prima grossa crisi dell'industria alla fine degli anni Novanta dell'Ottocento.

Nel 1904 la Rover entrò nell'industria automobilistica, un'attività che garantiva tali profitti, e in così poco tempo, che l'azienda abbandonò del tutto il settore delle biciclette. Lo stesso Starley era morto all'improvviso nel 1901, a soli quarantasei anni. Il giorno dei funerali, a cui parteciparono ventimila persone, tutti i produttori di biciclette di Coventry chiusero le loro fabbriche.

Forse coloro che piangevano Starley intuivano l'eccezionalità della Rover Safety nel campo dei trasporti, presagendo in qualche modo che la forma base della bicicletta sarebbe rimasta immutata per tutto il ventesimo secolo. Pensate invece al Wright Flyer, il primo velivolo a motore al mondo, realizzato da Wilbur e Orville Wright (guarda caso entrambi meccanici di biciclette) nel 1903, e confrontatelo, per esempio, con il Concorde. Oppure prendete il veicolo di Karl Benz alimentato da un motore a scoppio a quattro tempi, e inventato anch'esso nel 1885, e confrontatelo con un'odierna automobile di Formula Uno.

In entrambe queste tipologie di mezzi di trasporto, l'aeroplano e l'automobile, i veicoli hanno subito cambiamenti quasi continui. Con la Rover Safety, al contrario, la moderna bicicletta nacque in sostanza già perfettamente formata. Oggi, nel progetto di aeroplani, di automobili e di innumerevoli altri dispositivi meccanici le diversificazioni e le possibilità di miglioramento sono tantissime. Con la bicicletta esiste una sola forma assoluta. Sir Isaac Newton disse che l'uomo progredisce issandosi sulle spalle dei giganti. Nessuno ancora è riuscito ad arrampicarsi sulla schiena di Starley.

Ho avuto diciannove biciclette, escluse quelle che sono rimaste in mio possesso per meno di un mese e quelle che non mi sono mai preoccupato di tenere sotto chiave. Di queste diciannove, diciotto erano costruite in base ai princìpi ispiratori della Safety. La sola eccezione fu la mia Raleigh Tomahawk. Sicuramente il manubrio *ape-hanger* con le manopole alte, le ruote di dimensioni diverse, la strana forma del telaio e la lunga sella soffice con lo schienale la rendevano favolosa quanto il Ranger Solitario

agli occhi di un ragazzino, ma andare sulla Tomahawk era come pedalare sulla melassa trascinando un maiale morto. Come la sorella maggiore, la Raleigh Chopper, la Tomahawk fu progettata in risposta alla popolarità delle moto dalla linea analoga nell'America di fine anni Sessanta. Per la Raleigh, la ditta produttrice, la Chopper aprì un nuovo mercato nel settore delle biciclette per ragazzi e segnò un cambiamento nella filosofia di quell'azienda: da valido mezzo di trasporto, la bicicletta si trasformò in un prodotto di consumo. Ma benché la si ricordi con affetto, la Chopper era un giocattolo, non una bicicletta. E rappresenta il peggior esempio del crollo di fiducia nel valore concreto della bicicletta che si ebbe negli anni Settanta.

La principale funzione strutturale del telaio di una bicicletta è quella di «conservarsi integro» quando è sottoposto a dei carichi, di avere la robustezza e la rigidità necessarie per tenere le ruote in posizione e per sostenere il ciclista, oltre che assorbirne le sollecitazioni quando pedala, frena e sterza, mentre il veicolo procede. La struttura a triangoli del telaio tubolare a losanga è la migliore per questo scopo. Un architetto o un ingegnere la definirebbero una «travatura reticolare»: il telaio a losanga è una variazione dell'ultraresistente travatura a sette elementi, una configurazione diffusa nell'ingegneria meccanica e strutturale. Le travature sui tetti delle case si basano sugli stessi princìpi.

Ci sono stati centinaia, forse migliaia di tentativi di migliorare il disegno del telaio a losanga nei 125 anni che sono trascorsi da quando quella struttura «impose la sua moda al mondo». Non esiste nulla che si possa dire le si sia avvicinato. Ci sono stati innumerevoli perfezionamenti nei materiali utilizzati per realizzare i telai, e le caratteristiche strutturali dei tubi – sagome non circolari, spessori variabili delle pareti e diametri rastremati – sono diventate altamente sofisticate. Ma la forma di base a losanga composta da due triangoli è rimasta invariata. Bici da corsa, mountain bike, biciclette per cicloturismo, ibride, da pista, da città, cruiser, a ruota fissa, *dirt-jumpers*, da trasporto, BMX; quasi ogni tipo di bicicletta è realizzato con un telaio a losanga. Oggi il parco mondiale assomma a oltre un miliardo di biciclette, e quasi tutte sono costruite in base al paradigma di Starley. Potete spendere dieci sterline per una bicicletta da passeggio mezzo arrugginita a una vendita per beneficenza, oppure settantacinquemila per una bicicletta placcata in oro a ventiquattro carati e ricoperta di cristalli Swarovski, ma avrete sempre e comunque un telaio a losanga.

La forma pressoché immutata della bicicletta nel corso dell'ultimo secolo spiega in una certa misura perché oggi troviamo tanto facile andare in bici. Ed è anche la ragione per cui c'è una sorta di classica sobrietà nel tipo di piacere che la bicicletta offre. Come ha scritto il compianto Sheldon Brown, stimatissimo meccanico di biciclette, il telaio a losanga «è uno degli esempi di design più perfetti che si conoscano, grazie [...] alla purezza della sua forma».

Quando, un mese dopo che Brian aveva eseguito le regolazioni preliminari sulla mia bicicletta nel suo laboratorio, gli telefonai per organizzare la nostra pedalata insieme, lui subito mi chiese: «Come va la bici?» L'avevo usata ogni giorno e l'avevo trovata molto confortevole. Brian si ricordava tutte le regolazioni che aveva fatto, nonostante avesse probabilmente lavorato su centinaia di biciclette nelle settimane trascorse. Solo dopo che io avevo espresso le mie opinioni su ciascuna regolazione mi chiese come stavo.

Ci trovammo pochi chilometri a nordest di Stoke-on-Trent, nelle brughiere, e pedalammo lungo un crinale con splendidi scorci del Peak District. Brian conosceva ogni caratteristica geografica del paesaggio: era qui che si allenava quando correva in bicicletta. Mi indicava alture lontane e mi parlava di come le scalasse usando biciclette con un solo rapporto; mi raccontava di discese a rotta di collo lungo pendii ripidi in cupe giornate di inverni dimenticati, con i freni fuori uso. Insieme, quelle storie creavano una mappa alternativa della zona, con una sua precisa narrativa. Mi ricordai delle parole di Ernest Hemingway: «È in sella a una bicicletta che si apprende meglio il profilo geografico di un paese, perché bisogna sudare arrampicandosi su per le alture e ridiscenderle a ruota libera [...] non si ha un ricordo altrettanto preciso di un paese che si è attraversato in automobile».

Brian procedeva al mio fianco o dietro di me, esaminando la cadenza della mia pedalata e studiando la mia posizione in bicicletta in circostanze diverse: quando acceleravo, in salita, mentre mi rilassavo, in discesa e quando sprintavo. Non facemmo molta strada. Era una giornata grigia e il vento soffiava forte in cima alle colline.

«Direi che ho visto abbastanza» mi disse Brian. «Torniamo al negozio?»

Ci furono ancora un paio di piccoli aggiustamenti – di nuovo l'altezza della sella e la posizione delle leve dei freni sul manubrio – prima che Brian estraesse il suo lungo regolo di metallo e iniziasse ad annotare le misure del mio telaio sul suo quaderno. In ginocchio, con il regolo premuto contro il tubo orizzontale e il cannotto reggisella, mi chiese: «Allora Rob, con che cosa lo facciamo il telaio?»

All'inizio avevo ben poche certezze sulla mia nuova bicicletta, e una di queste era il materiale di cui sarebbe stato fatto il telaio: acciaio. L'acciaio ha costituito la spina dorsale della bicicletta per oltre un secolo. Fino a metà degli anni Settanta era l'unica vera opzione. Persino nei primi anni Novanta le biciclette di alta gamma avevano nella maggior parte dei casi telai d'acciaio. Oggi esistono molti altri materiali sul mercato: l'alluminio, il titanio e i polimeri rinforzati con fibre di carbonio sono comuni, ma niente vi vieta di optare per un destriero in termoplastica, magnesio, berillio (un elemento chimico tossico che si estrae da alcuni minerali e si usa negli ugelli dei razzi), canapa, legno e bambù. In effetti proprio il bambù sta emergendo come nuovo materiale di prima scelta per telai di bicicletta nell'ambito di alcuni progetti di imprenditorialità sociale in Africa, anche se fu usato per la prima volta nella manifattura di biciclette ben un secolo fa.

Ho sperimentato telai in tutti i materiali più importanti. Ho avuto biciclette da strada in alluminio con forcelle in carbonio, mountain bike in acciaio, mountain bike in alluminio, una bici da cicloturismo in acciaio, una bici da strada in titanio, un'altra in solo carbonio e una mountain bike in alluminio con posteriori verticali in carbonio. Qual è dunque il materiale, o la combinazione di materiali, che offre globalmente le migliori prestazioni quando si pedala? Ho le mie idee su tutte le bici che ho posseduto ma so che tali idee sono influenzate dalle esperienze personali che ho vissuto con ciascuna di esse: per quanto tempo ho avuto una bici, dove l'ho usata, con chi l'ho usata. Obiettivamente, mi sarebbe difficile dire quale sia il materiale nel complesso migliore. So, avendo letto qualcosa in proposito, che i materiali dei telai hanno proprietà differenti, tant'è vero che alcuni si profondono in panegirici sulle «qualità ciclistiche» di un materiale rispetto a un altro. Io non ho queste certezze. Si tratta di differenze molto sottili, misurabili soltanto con strumenti tecnici di grande precisione.

Sui materiali per telai da ciclismo si dicono tante sciocchezze che passano per saggezza. La verità è che un bravo fabbricante di biciclette può realizzare un buon telaio utilizzando uno qualsiasi dei materiali che ho citato, e con tutte le «qualità ciclistiche» volute: se il diametro dei tubi, il loro spessore di parete e la geometria del telaio vanno bene, la bicicletta andrà bene.

Le scempiaggini tendono ad accumularsi quando la gente parla della *rigidezza* di un particolare materiale per telai. Questa proprietà fisica intrinseca di un materiale si misura tramite il cosiddetto *modulo* di Young o *modulo di elasticità longitudinale*. Un telaio *rigido* trasmette l'impatto di ogni sassolino e ogni crepa nell'asfalto direttamente ai nervi che si trovano nei vostri grandi glutei, vale a dire nelle vostre chiappe, mentre un telaio *flessibile* assorbe i colpi. La maggior parte delle persone che ha usato sia telai di alluminio sia telai di acciaio vi dirà che i telai di alluminio sono più rigidi. In realtà l'acciaio ha un modulo di Young molto maggiore dell'alluminio: è più rigido. Il fatto è che i tubi di alluminio tendono ad avere un diametro molto più grande di quelli di acciaio, e quando il diametro di un tubo aumenta, la sua rigidezza aumenta con il cubo di quel valore.

In realtà sono le gomme, le ruote, il cannotto reggisella e la sella ad assorbire gli urti. Il contributo del telaio all'assorbimento è piccolo o nullo. È anche importante ricordare che due telai fatti di materiali diversi non sono fatti con tubi delle stesse dimensioni, il che rende un raffronto impossibile. La caratteristica del telaio che ha effettivamente una certa influenza sul comfort è il disegno del carro posteriore, ovvero del triangolo formato dal tubo piantone e dalle due coppie di tubi sottili che prendono il nome di foderi posteriori verticali (o pendenti) e foderi posteriori orizzontali.

La caratteristica più ingannevole dei moderni telai di bicicletta è il peso. Il telaio della mia bicicletta da strada più recente è in carbonio (carbonio Toray T-700 SC, se proprio volete saperlo). Pesa meno di un chilo e mezzo. È leggero, non c'è che dire, di una leggerezza che lascia a bocca aperta. Quando le persone che non hanno familiarità con le moderne biciclette da corsa lo sollevano, rimangono davvero a bocca aperta. È indiscutibile che quanto più una bicicletta è leggera tanto più è facile pedalare in salita. Ma per l'industria è ormai un'ossessione costruire biciclette più leggere quando, per la stragrande maggioranza dei ciclisti, il fattore più importante non è il peso ma il fatto che il telaio non si rompa durante l'uso.

La fibra di carbonio è oggi il materiale per telai più popolare nell'élite del professionismo, soprattutto per la sua leggerezza. Se avere la bicicletta più leggera possibile è la vostra assoluta priorità, dato che siete ciclisti professionisti e avete bisogno di limare di qualche secondo il tempo che impiegate a compiere un'ascesa di venti chilometri su una vetta dei Pirenei, così da ottenere un vantaggio competitivo, guadagnarvi da vivere e dar da mangiare ai vostri figli, allora dovete avere un telaio in carbonio. Per quanto riguarda tutti noialtri, o possederlo è un lusso inutile oppure siamo vittime di una cospirazione. O entrambe le cose.

Ebbene sì, persino nell'industria della bicicletta c'è una teoria della cospirazione. Secondo questa teoria le grandi ditte che costruiscono biciclette per il mercato di massa spendono una fortuna in ricerca e sviluppo per essere certi che i corridori professionisti di cui sono sponsor abbiano le biciclette più leggere e più veloci, e vincano le corse. I costruttori devono ammortizzare le spese e contemporaneamente ridurre i costi di produzione, e per farlo investono grandi risorse per vendere al pubblico biciclette uguali o simili a quelle usate dai professionisti.

La bici dei miei sogni sarà fatta d'acciaio. Ecco perché:

1. L'acciaio è un materiale molto robusto. L'acciaio di alta qualità ha una grande *resistenza allo snervamento*, ovvero un elevato *limite di elasticità* – il punto in cui un materiale si deforma in maniera permanente invece di riprendere la sua forma originale – e ciò lo rende durevole e meno soggetto a piegarsi quando subisce un colpo. Questo significa che i tubi d'acciaio possono essere sottili, di piccolo diametro, e di conseguenza che i telai d'acciaio sono leggeri e sufficientemente flessibili. Come si usa dire, *steel is real*, «l'acciaio è reale».
2. L'acciaio ha lunga vita. Quando visitai la Argos Cycles, una rinomata fabbrica di telai in un complesso industriale di Bristol, mi furono mostrate diverse decine di telai in acciaio risalenti alla seconda guerra mondiale. Appesi alla parete c'erano telai costruiti da alcuni dei grandi nomi del settore, come Hetchins e A.S. Gillott, in attesa di essere restaurati. Sarebbero stati raddrizzati e centrati, sabbiati, levigati, glassati e riverniciati. Sulla stessa parete c'erano diversi telai già completamente restaurati, in attesa che i clienti venissero a

ritirarli. Luccicavano, sembravano nuovi di zecca. «Dentro conservano anni di pedalate» mi disse Mark, il direttore dell'officina. «Ce ne arrivano quasi di continuo di telai d'acciaio da restaurare. Molti hanno più di cinquant'anni. Un telaio in carbonio non durerà mai tanto a lungo».

3. L'acciaio non è soggetto a cedimenti improvvisi: la fibra di carbonio, a dispetto dei recenti sviluppi, lo è ancora.
4. L'acciaio si può anche riparare facilmente, a differenza dell'alluminio, del carbonio e del titanio. Una piccola incrinatura nei foderi orizzontali di un telaio in carbonio spesso significa che l'intero telaio è destinato a finire nella spazzatura. Un telaio d'acciaio ha il vantaggio fondamentale di poter essere riparato in ogni angolo del mondo da una persona che abbia un cannello per saldare e una bacchetta di materiale d'apporto. Lo so perché ho piegato una bici d'acciaio nel Nord dell'India, mentre stavo facendo il giro del mondo in bicicletta. Sfruttavo la scia di una motrice sulla Grand Trunk Road, nei pressi di Amritsar. Correvamo in discesa, a tutta birra, quando finii con la ruota in una buca della strada che avrà avuto le dimensioni di una tinozza. Non ebbi il tempo di reagire e sperimentai quella che gli appassionati americani di mountain bike chiamano una *yard sale*: come in una vendita di oggetti usati esposti in giardino, sull'asfalto erano disseminati la bici, le sacche portabagagli, gli occhiali da sole, le bottiglie d'acqua, la tenda, la pompa, la cartina e io. Lasciai anche un bel po' di pelle su quell'asfalto, ma fu la bicicletta ad avere la peggio. Il tubo orizzontale e il tubo obliquo si erano piegati, e di conseguenza la ruota anteriore era arretrata fino a strisciare contro la parte inferiore del tubo obliquo. Mi chiesi se il mio giro del mondo in bicicletta non fosse finito lì.

   Mi ci volle un pomeriggio per trovare il miglior meccanico – o il «più grande capofficina», come lo chiamavano gli abitanti del posto – di Amritsar. Con mani esperte, smontò il manubrio, l'attacco manubrio, la forcella e la logorata serie sterzo dal tubo di sterzo, mentre i suoi aiutanti gli passavano gli strumenti come infermieri che assistono un chirurgo. Poi infilò un'asta di metallo nel tubo orizzontale e raddrizzò letteralmente i tubi piegati del telaio a martellate. Lo osservavo terrorizzato. Mezzora dopo aveva riassemblato la mia bici. Il lavoro mi costò cento rupie (una sterlina e mezzo circa) e un pacchetto di sigarette. Mi restavano da percorrere dodicimila chilometri per arrivare a casa. I due tubi piegati dovettero essere saldati di nuovo a Gilgit, a Tashkent e infine a Meshad, in Iran, ma arrivai fino a casa su quella stessa bicicletta.

Per alcuni anni dopo quell'avventura fui restio a riportare il telaio alla ditta dove era stato realizzato, la Roberts Cycles. Le cicatrici lasciate dal saldatore iraniano erano atroci. Quando alla fine mi decisi, spiegai a Chas Roberts che cos'era successo. Fu deliziato dal mio racconto. Mi condusse subito nell'area della ditta riservata alle vendite, dove due uomini stavano per ritirare le loro biciclette nuove di zecca. Erano due bici da cicloturismo estremo. Una sarebbe stata usata per attraversare l'America, l'altra per fare il periplo dell'Australia. «Ecco» disse Chas, «sentite la storia di Rob. È per questo che avete acquistato dei telai d'acciaio».

Non ho alcuna intenzione di partire nell'immediato futuro per un viaggio transcontinentale sulla bici dei miei sogni, che in ogni caso non sarà una bicicletta da cicloturismo. Un giorno o l'altro ho però in progetto di usarla per fare un *credit card touring*, un lungo viaggio in cui avrò come unico bagaglio il mio portafoglio. Spero di finire in qualche posto fuori dal mondo, di ritrovarmi in una città sperduta, su un vecchio itinerario per il commercio degli schiavi, ai piedi di una grande catena montuosa, dove un saldatore calvo e con un solo occhio raddrizzerà il telaio della mia bici mentre un nugolo di bambini mi saltelleranno intorno strillando: «Una penna per favore, signore!» Il telaio *deve* essere d'acciaio.

Sappiamo più cose sull'acciaio che su qualsiasi altro materiale utilizzato per costruire biciclette. Questa lega composta da ferro e da piccole quantità di altri elementi ha costituito uno dei fondamenti della civiltà postindustriale. Ancora oggi, il 95 per cento delle biciclette esistenti sono in acciaio. Gran parte di esse sono costruite in Cina e in India utilizzando acciaio «dolce», la qualità più economica e pesante del metallo. Se vi è mai capitato di saltare su una bici in Asia e di chiedervi se per caso qualcuno non vi avesse legato dietro un cucciolo d'elefante, significa che avete pedalato su un telaio in acciaio dolce. Sono molto pesanti.

La maggior parte delle normali biciclette vendute nei paesi occidentali sono realizzate in un acciaio più leggero, a basso contenuto di carbonio, chiamato genericamente «ad alta resistenza», oppure in alluminio. L'acciaio ad alta resistenza è ancora relativamente economico da produrre, è durevole, ma è anche più robusto dell'acciaio dolce, e dunque se ne deve utilizzare meno per costruire una bicicletta.

Al vertice della scala ci sono molti acciai di alta qualità e con un basso tenore di lega. Tutte le biciclette di qualità in acciaio sono realizzate in queste leghe di ferro di prima scelta, leggere e ad altissima resistenza. Esistono molti marchi famosi che producono tubi in acciaio per biciclette: Columbus, True Temper, Dedacciai, Tange e Ishiwata. Ma per un inglese un nome echeggia più forte di tutti gli altri: Reynolds.

Alla fine del diciannovesimo secolo Alfred Milward Reynolds dirigeva una fabbrica di chiodi a Birmingham, e nel tempo libero si dedicava a un problema che lo ossessionava e che a quell'epoca impegnava l'intera industria della bicicletta: come saldare dei tubi metallici sottili e leggeri senza indebolire le giunzioni? Dopo una serie di tentativi falliti, Reynolds escogitò un tipo di tubo con «le estremità di spessore maggiore rispetto al corpo centrale», come recitava il brevetto originale dei *butted tubes*, depositato nel 1897. Si trattava di tubi a spessore variabile ma con diametro esterno costante per tutta la loro lunghezza, che permettevano di risparmiare sul peso senza compromettere la resistenza delle tubazioni. Fu un grande passo avanti per l'industria

ciclistica. I fabbricanti di biciclette si apprestavano a realizzare una nuova generazione di telai che erano insieme robusti ed estremamente leggeri.

Durante la prima guerra mondiale la Reynolds si dedicò alla costruzione di tubi per motociclette e in seguito realizzò longheroni d'ala per gli aerei da caccia Spitfire, tubi per bazooka, cerchioni per autovetture Rolls Royce e componenti dei motori del Concorde. Ma questa archetipica impresa industriale delle Midlands inglesi tornava sempre alla produzione di tubi d'acciaio per biciclette. Nell'alchimia delle ricerche per la progettazione di tubi per aeromobili, la Reynolds si imbatté in una lega d'acciaio al manganese e molibdeno con cui si sarebbero costruite biciclette favolose. Nel 1935 la ditta introdusse le tubazioni «531». Fu considerata un'innovazione rivoluzionaria. Ancora oggi, i ciclisti britannici di una certa età fissano l'orizzonte con gli occhi velati di lacrime quando sentono nominare il «cinque tre uno».

Per quarant'anni il marchio Reynolds fu il punto di riferimento per l'eccellenza nei materiali per telai di lusso. In tutto, si registrarono ventisette vittorie del Tour de France su telai Reynolds. Stelle del ciclismo del calibro di Anquetil, Merckx, Hinault, Lemond e Indurain hanno usato biciclette con tubi Reynolds a due spessori. La lunga collaborazione tra il plotone dei professionisti e la Reynolds si interruppe però negli anni Novanta, quando i ciclisti di punta passarono al titanio e al carbonio. Ma proprio quando sembrava che l'acciaio fosse al tramonto, la Reynolds passò al contrattacco.

Nel 2006 l'azienda ha introdotto senza grande clamore il «953», un nuovo tipo di tubazione leggera in acciaio inossidabile per biciclette da corsa che ha riportato le leghe d'acciaio nella serie A dei materiali per telai. Sviluppata appositamente per il mercato ciclistico d'élite, questa lega d'acciaio a basso tenore di carbonio possiede una resistenza superiore, il che significa che permette di realizzare tubi con spessori di parete estremamente ridotti. Insomma, l'ultraresistente 953 è diventato il nuovo punto di riferimento per le leghe in acciaio per biciclette. E resiste anche alla corrosione. Queste caratteristiche eccezionali fanno sì che gli acciai Maraging, la tipologia a cui appartiene il 953, siano utilizzati in svariati ambiti: nella scherma per le lame del fioretto e della spada, nei percussori mobili delle armi automatiche e nelle centrifughe per l'arricchimento dell'uranio.

Un'ultima considerazione sul 953: i tubi dei telai realizzati con questo materiale sono diritti e hanno una sezione circolare o tondeggiante. Le più costose biciclette da corsa moderne, prodotte in serie, hanno tubi con superfici aerodinamiche di dimensioni esagerate o di forma ovale, e talvolta sono persino incurvati. Forse queste caratteristiche migliorano le performance dei ciclisti professionisti di punta. Forse no. In ogni caso queste nuove bici sono orrende. Può darsi che oggi i tubi rettilinei e rotondi siano superati, ma di certo sono più belli a vedersi.

Quando entro nell'officina di Jason, il set di tubi Reynolds 953 è in uno scatolone aperto posato su un tavolo. Lo scatolone contiene un tubo orizzontale, un tubo obliquo, un tubo piantone, un tubo di sterzo, due foderi posteriori orizzontali, due pendenti, due forcellini e un ponticello del freno. Prendo in mano uno dei tubi principali e lo accarezzo col pollice e con l'indice. Il peso e la lucentezza danno un'impressione di qualità. Lo ripongo con cura nello scatolone. Jason mi spiega perché i tre tubi principali hanno forme e diametri leggermente diversi in rapporto alle loro caratteristiche di robustezza e alle diverse sollecitazioni a cui forze variabili sottopongono il telaio.

«È la combinazione di tubi che pensiamo sia la migliore per la tua bicicletta» mi dice.

Jason si muove deciso per l'officina, pulendo e approntando i banchi di lavoro. Appoggiata a una parete c'è un'elegante mountain bike a un solo rapporto e senza ammortizzatore posteriore. In un angolo spuntano da dietro un telo i parafanghi bulbiformi e la mascherina di un'automobile sportiva della MGB. In un altro angolo c'è un vasto armamentario di utensili: seghetti a mano, punte di trapano, lime, spazzole di metallo, maschi per la filettatura del movimento centrale, alesatori per i tubi di sterzo, una fresatrice, pinze, chiavi fisse, chiavi a cricchetto e molti altri oggetti che non riesco a riconoscere. Al centro dell'officina c'è la dima, una piccola struttura di sostegno che serve a tenere in posizione i tubi, mantenendone l'esatto allineamento mentre vengono saldati.

«Per prima cosa tagliamo i tubi per portarli alla lunghezza giusta» dice Jason prendendo un tubo dalla scatola e tenendolo sollevato. «Questo lavoro l'ho già fatto. Adesso sagomerò le estremità dei tubi di modo che combacino perfettamente... così il contatto del metallo nel punto di giunzione sarà massimo e otterremo un'ottima saldatura».

D'improvviso un assordante rumore metallico riempie il locale. Da un angolo si sprigionano scintille arancioni. Jason sta molando il tubo di acciaio su una gigantesca levigatrice a nastro.

«Non consuma i nastri troppo in fretta» mi dice facendo una pausa per controllare la sgolatura. «Ma il 953 è così resistente che non puoi usare un utensile per metalli. Non puoi usare un tornio o una fresa per questa lavorazione. Così abbiamo costruito praticamente a mano questa macchina a nastro abrasivo per sgolatura. La chiamiamo la 'specialità di casa'. Una volta, quando costruivamo telai più tradizionali con le congiunzioni, la sgolatura non era così importante. Ma con la saldatura TIG deve essere impeccabile».

In effetti avevo pensato a un telaio costruito nel modo tradizionale, usando le congiunzioni in acciaio che rivestono le estremità dei tubi da saldare come manicotti, raccordandole. Dalla fine del diciannovesimo secolo fino agli anni Settanta del Novecento – cioè per gran parte della storia della bicicletta – era la tecnica preferita per costruire telai d'acciaio di alta qualità, soprattutto perché le congiunzioni permettevano di utilizzare tubi più sottili e leggeri. I progressi nella metallurgia, così come l'introduzione dei processi di saldatura TIG e MIG, hanno di fatto eliminato tutti i vantaggi delle congiunzioni. Oggi, acquistare un telaio con congiunzioni è sostanzialmente una scelta estetica. In genere costa anche un po' di più.

In Gran Bretagna, dagli anni Trenta fino agli anni Sessanta, i fabbricanti di telai avevano l'ossessione delle congiunzioni. Forse era il retaggio di quell'estetica raffinata che era invalsa tra gli artigiani inglesi fin dall'alba della rivoluzione industriale. In un'officina di biciclette realizzate su misura lavoravano di solito un telaista, un verniciatore e un limatore, un artigiano provetto che cesellava a mano delle comuni congiunzioni d'acciaio per trasformarle in elaborati oggetti d'arte. La bellezza delle congiunzioni di un fabbricante di biciclette divenne il banco di prova della sua maestria.

Molti costruttori britannici erano famosi per i loro magnifici telai in acciaio con congiunzioni. Ma c'era una marca che primeggiava nell'abbellimento delle biciclette: la Hetchin's. Nato in Russia, a ventisei anni Hyman Hetchin era fuggito dalla rivoluzione bolscevica del 1917 e aveva cominciato a vendere biciclette fuori dalla sua casa a North London negli anni Venti. Vendeva telai realizzati dagli artigiani della zona, uno dei quali era Jack Denny. Secondo Denny congiunzioni più lunghe avrebbero reso più robusti i suoi telai; e congiunzioni più lunghe significavano più spazio per le decorazioni. Denny e Hetchin brevettarono anche i foderi ondulati del carro posteriore. Le congiunzioni rococò erano i marchi di distinzione che coronavano quelle biciclette, i cui modelli avevano nomi come *Nulli Secundus* e *Magnum Opus II*. Oggi i telai Hetchin's sono ricercatissimi dai collezionisti, anche se i fronzoli decorativi delle congiunzioni non incontrano il gusto di tutti.

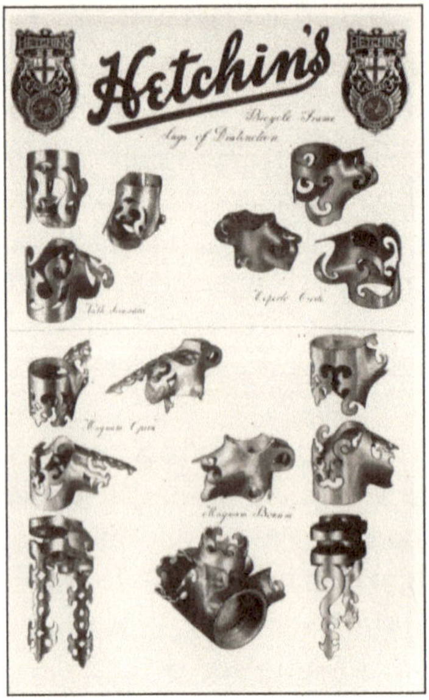

Di recente l'ossessione per le congiunzioni ha attraversato l'Atlantico. Molti degli stimati artigiani statunitensi che oggi fanno biciclette su misura erano apprendisti a Londra e a Milano negli anni Settanta del secolo scorso. Tornati in patria, portarono con sé la tradizione ormai in crisi dell'intaglio delle congiunzioni e la coltivarono amorevolmente. I telaisti americani della nuova generazione, giovani e idealisti, hanno ereditato quella passione. Oggi in Gran Bretagna si legge di intagliatori di congiunzioni solo nelle pagine dei necrologi o nei siti web dei collezionisti di biciclette vintage.

Quando lo spettacolo di fuochi d'artificio è terminato, Jason inizia ad approntare la dima. Lavora veloce, ma persino i suoi movimenti più affrettati appaiono disinvolti, come se le sue mani fossero preprogrammate: spesso finiscono un lavoro mentre la mente di Jason si sta già occupando di quello successivo. Mi chiedo se sia un segno della sua perizia d'artigiano. Di certo è indice della sua esperienza: Jason realizza cinque telai a settimana.

Quando la dima è stata messa a punto e i tubi sono stati bloccati in posizione, Jason ricontrolla tutto, tornando per un'ultima volta a esaminare il foglio di carta fissato alla parete su cui sono scritte le misure del telaio. «Sterzo 73°; Piantone 74°» dice a se stesso, come se recitasse una formula magica.

Jason si riferisce ai due angoli fondamentali per la geometria del telaio; l'angolo del tubo di sterzo e l'angolo del piantone. La geometria di un telaio – ovvero gli angoli formati dai tubi che lo compongono – è determinata in gran parte dall'utilizzo a cui è destinata la bicicletta. Bici da criterium, da triathlon, da cronometro, da cicloturismo e da gran fondo sono tutte varianti della bicicletta da strada, progettate per scopi differenti. Può sembrare che abbiano più o meno tutte la stessa forma, ma in realtà ognuna di esse ha una diversa geometria, che le conferisce caratteristiche diverse nel comportamento su strada. Le mountain bike e le bici da città hanno a loro volta proprie geometrie specifiche.

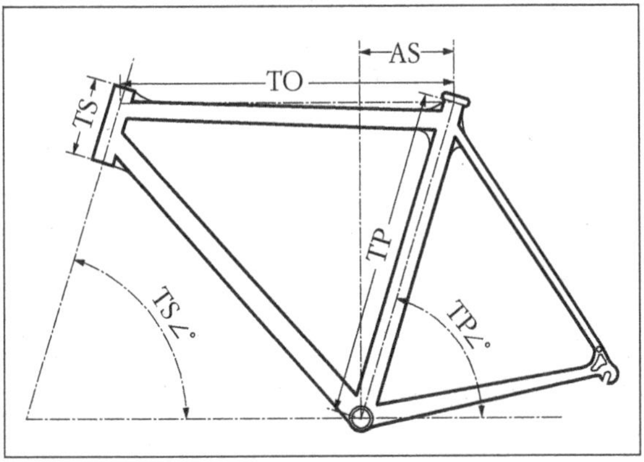

La geometria del telaio è un fattore importante per la guida della bicicletta, per il comfort nel suo utilizzo, per il modo in cui risponde alle sollecitazioni del ciclista, per come si comporta in curva, in discesa e persino in salita. Ci sono molti altri fattori che incidono sul comportamento stradale di una bici – dai materiali di telaio e forcelle alla pressione degli pneumatici – ma è la geometria del telaio a stabilirne i parametri. Eppure pochi ciclisti se ne preoccupano. Se si acquista una bicicletta prodotta in serie, è molto difficile che si prenda in considerazione la sua geometria. Quando sollevai la questione della geometria del telaio con un amico, lui mi disse: «Rob, mi sa che ora che avrai finito questo libro ti sarà cresciuta una barba bella lunga». E pensare che è un ciclista.

Insieme a una scelta esatta delle dimensioni e al giusto materiale dei tubi, la geometria è parte integrante dell'acquisto di una bicicletta su misura. Scegliere una geometria del telaio sbagliata può significare ritrovarsi con una bici scomoda nel migliore dei casi e con una bici pericolosa da guidare nel peggiore. Scegliete una geometria corretta e la vostra bici avrà le caratteristiche di maneggevolezza che desiderate.

Angolo del piantone: misurato in gradi rispetto al piano orizzontale (TP ∠ ° nel diagramma), può variare tra 65° e 80°. Angoli più verticali (75°-80°) proiettano il peso del ciclista in avanti, verso il manubrio, e rendono la bicicletta meno confortevole sulle lunghe distanze ma più aerodinamica; sono comuni sulle biciclette per prove a cronometro, su quelle da pista e da triathlon con prolunghe aerodinamiche del manubrio. Angoli meno verticali (65°), che spostano il peso verso la sella, sono tipici delle bici da città o di altre biciclette per brevi spostamenti. Le biciclette da corsa su strada convenzionali, con il tipico manubrio incurvato verso il basso, tendono ad avere angoli del piantone compresi tra 72° e 75°. L'angolo è determinato in parte da considerazioni ergonomiche, ovvero dal fatto che la sella si trovi nella posizione migliore per ottenere una pedalata efficace. Sulla mia bici, l'angolo del tubo piantone è di 74°.

Angolo del tubo di sterzo: misurato anch'esso in gradi rispetto al piano orizzontale (TS ∠ ° nel diagramma), ha un effetto marcato sulla maneggevolezza della guida e sull'assorbimento degli urti e può variare tra 71° e 75°. Angoli più verticali producono reazioni più pronte del mezzo: basta che ruotiate la testa perché la bicicletta curvi (bici di questo genere sono definite spesso «nervose» o «all'italiana» e sono preferite dai corridori professionisti per i criterium, brevi competizioni su strada che si svolgono in circuiti cittadini, con molte curve strette e un plotone folto e compatto). Angoli meno verticali rendono una bicicletta più stabile, in particolare in discesa, e in generale più confortevole sulle lunghe distanze. Le biciclette da cicloturismo hanno angoli poco verticali. L'angolo del tubo di sterzo della mia bici è di 73°, il valore intermedio, un angolo che da almeno settant'anni è considerato ottimale per le biciclette da strada. Le biciclette che si usano al Tour de

France o in altre corse a tappe hanno di solito un angolo del tubo di sterzo di circa 73°: sportivo ma equilibrato.

Altri parametri geometrici che contribuiscono in modo notevole alle caratteristiche di guida di una bicicletta sono il passo – la distanza tra il mozzo anteriore e quello posteriore – e l'altezza del movimento centrale. Entrambi, come l'angolo del tubo di sterzo, influiscono sulla maneggevolezza. Brian ha determinato la geometria della mia bici tenendo conto del mio fisico, della mia esperienza e del tipo di attività a cui intendo dedicarmi. Il risultato sarà una bicicletta di stile sportivo: reagirà in modo rapido e preciso, ma sarà abbastanza comoda da permettermi di stare in sella per tutto il giorno e stabile quando mi fionderò giù da un passo dolomitico a più di cento all'ora.

A meno che non siate ciclisti molto esperti, farete fatica a distinguere tra due biciclette sportive con una differenza di un grado nell'angolo del tubo di sterzo, ma usate una bici da triathlon e poi saltate su una da cicloturismo e afferrerete il concetto. Vi avverto però: più cose imparerete sulla geometria delle biciclette, più in fretta vi crescerà la barba.

«Siamo pronti a saldare, Rob. Lo sai che non puoi osservare una saldatura TIG a occhio nudo. Può bruciarti gli occhi. Si chiama 'colpo d'arco'. È come se qualcuno ti gettasse schegge di vetro negli occhi. Meglio evitarlo, perciò mettiti questa visiera».

Nella saldatura TIG i due tubi vengono saldati direttamente l'uno all'altro in un bagno protettivo di gas inerte, usando un elettrodo di tungsteno. Il tungsteno agisce come una torcia, scaldando i tubi e il metallo di apporto che concorre a formare il giunto saldato. Sviluppata in origine nell'industria aerospaziale, questo tipo di saldatura fu introdotto nella manifattura delle biciclette dai costruttori di telai per BMX all'inizio degli anni Ottanta. Fu un'innovazione che, partita da un settore di nicchia, venne rapidamente adottata da tutti.

Con la visiera mi sento come Darth Vader in una recita di paese. Jason modifica le regolazioni sul quadro comandi della saldatrice e controlla l'elettrodo di tungsteno. Si sente un forte schiocco, come di una bandiera bagnata che un violento colpo di vento distende, e la torcia è accesa. Avrebbe potuto essere l'idea per una spada laser, penso. Indossando enormi guanti di pelle e reggendo in una mano la bacchetta di apporto, Jason accosta la torcia ai tubi.

«Sto solo applicando un punto di saldatura» mi spiega, «per fissare il giunto. Poi potremo eliminare il morsetto e saldarlo come si deve». La dima ruota su un asse orizzontale e Jason lavora sul primo giunto con mano ferma. Una volta che il tubo di sterzo, il tubo obliquo e il tubo piantone sono stati saldati con una pulizia chirurgica, Jason comincia a lavorare sul tubo orizzontale: ne sgola le estremità, lo inserisce nel telaio per verificare il risultato e torna a sagomare le sgolature, ripetutamente, finché è soddisfatto. Il triangolo anteriore sta prendendo forma. Nudo e senza foderi posteriori ha un aspetto fragile.

«Ci vuol poco a fare un buco nel 953 mentre si salda: le tubazioni sono così sottili e delicate. Gli errori costano cari» mi dice Jason. «Devo essere concentrato al massimo. Ecco perché non voglio avere gente in officina quando saldo. Tu sei una rarissima eccezione, Rob, e solo perché papà mi ha fatto una testa così».

Adesso Jason usa la dima per fissare la lunghezza del passo del telaio. «Sto regolando il telaio per uno pneumatico da 23 mm, come hai deciso con papà. Il bordo dello pneumatico arriverà qui» mi dice, piazzando un dito sulla dima, poco dietro il fondo del tubo piantone, «ma il telaio potrà ospitare qualsiasi pneumatico da 18 a 28 mm di diametro. Se dovessi montare dei parafanghi, o quel che ti pare, allora lo arretreremmo un pochino, qui; ma dato che la tua sarà quasi una bici da corsa, arriverà qui».

Jason comincia a lavorare sui foderi posteriori orizzontali: prima li taglia con un seghetto a mano e poi ne sagoma il terminale con la fedele levigatrice a nastro, la «specialità di casa». Ancora una volta si procede per tentativi: si leviga un po' il tubo, lo si appoggia al telaio, lo si leviga ancora un po'… si continua così finché il risultato non è perfetto. Vedere quanta parte del lavoro è fatta a occhio mi sbalordisce.

«Dato che non ci sono due persone identiche, non esistono due telai identici» mi dice Jason mentre il fodero posteriore si incastra alla perfezione tra il telaio e la dima producendo un dolce «clac» metallico. «Mi piacerebbe poter preparare le sgolature di venti foderi orizzontali in un'unica infornata e poi inserirli sui telai, ma non si può. Ogni giunto deve essere lavorato a mano. Ed è per questo che il telaio andrà bene soltanto per te. È per questo che risulterà perfettamente bilanciato, solo per te».

I pendenti sono gli ultimi tubi a essere saldati: completano il carro posteriore e la forma a losanga del telaio. Ci sono diversi metodi per fissare i pendenti al «nodo di sella», il raccordo tra tubo piantone e tubo orizzontale. Come nel caso delle congiunzioni, nel ventesimo secolo i telaisti inglesi e italiani fecero del sistema usato per fissare i pendenti un modo per distinguere il costruttore della bicicletta: era come una firma, e una manifestazione dell'orgoglio che un artigiano provava nell'identificarsi con il proprio lavoro. È il preziosismo estetico supportato da un disegno efficiente a caratterizzare la maestria del telaista.

Tra i diversi metodi ci sono il «fastback», il «semi-fastback», l'«hellenic» e il «wishbone». Alla Rourke preferiscono il «wrapover», che è considerato quasi da tutti l'attacco più solido dei pendenti, con una sgolatura tale per cui i terminali dei due tubi si avvolgono attorno al nodo di sella per ricongiungersi dal lato opposto.

«Da trent'anni i foderi verticali 'wrapover', sono una sorta di marchio di fabbrica della Rourke» mi dice Jason quando ha terminato la sgolatura. «In tutta onestà è una faticaccia, ma il risultato è fantastico. Almeno secondo noi».

Con uno schiocco la torcia del saldatore si riaccende. Abbassiamo le visiere. Jason prende una nuova bacchetta di apporto e con un mugghio la fiamma aggredisce il nodo di sella. Jason lavora con metodicità intorno al giunto facendo ruotare la dima, spostando il cavo della torcia dietro di sé con dei colpetti del piede, mantenendo un arco costante all'esatta distanza dal giunto. Dieci minuti dopo i pendenti sono fissati. La torcia si spegne. Jason si toglie la maschera, fa un passo indietro e, come l'ostetrica di un reparto maternità che mostra a un padre intimidito il suo bambino, con un braccio mi fa segno di avvicinarmi. Il telaio della bici dei miei sogni – la sua anima d'acciaio – è finito.

2. Infinite curve eleganti

Il sistema di sterzo

«La vita è come andare in bicicletta. Se vuoi stare in equilibrio devi muoverti».

Albert Einstein

Nell'aprile del 1815 il vulcano Tambora, in Indonesia, entrò in un'eruzione che proseguì senza sosta per tre mesi. Si stima che 90.000 persone morirono in quella che resta a tutt'oggi la più grande eruzione documentata della storia. Milioni di tonnellate di cenere vulcanica furono proiettate nell'alta atmosfera del pianeta formando un velo di pulviscolo che schermò la radiazione solare sull'Europa e il Nordamerica. Il sole scomparve, le precipitazioni piovose aumentarono e le temperature medie scesero di parecchi gradi. Probabilmente è l'episodio più drammatico di raffreddamento globale che il mondo moderno abbia mai conosciuto.

Le ramificazioni sociali furono immense. Nel New England ci furono tormente di neve in luglio. Molti agricoltori furono spazzati via, il che provocò contemporaneamente il rapido popolamento di New York e un'espansione nel Midwest. In Irlanda la carestia fece 65.000 vittime. In Inghilterra ci furono sommosse per il pane e i colori drammatici dei tramonti carichi di polveri ispirarono un giovane paesaggista di nome J.M.W. Turner. Byron scrisse la poesia *L'oscurità*. In Svizzera, l'inverno senza fine indusse la diciottenne Mary Shelley a scrivere *Frankenstein*.

Nel 1816, passato alla storia come «l'anno senza estate», il freddo rovinò i raccolti in tutto il mondo occidentale. Il ruolo del prezzo dell'avena era allora simile a quello del petrolio oggi. Nella Germania meridionale, colpita da «un'autentica carestia» per citare le parole dello storico Carl von Clausewitz, gli agricoltori che non potevano permettersi l'avena per i loro cavalli li uccidevano. Un eccentrico aristocratico tedesco, il barone Karl von Drais de Sauerbronn, ex studente di Matematica all'Università di Heidelberg e inventore, fu testimone del macello. Senza il lavoro fornito dai cavalli, la società si trovava a dover affrontare una crisi ancora più grave. Ispirato dalla necessità, Drais realizzò un sogno vecchio quanto l'uomo: concepì un cavallo meccanico dotato di ruote.

La «draisina» fu inventata nel 1817. Fu il primo prototipo di bicicletta. Conosciuta anche come *Laufmaschine* («macchina da corsa»), era costituita da due ruote da carrozza in legno allineate, una panca in legno su cui ci si metteva a cavalcioni e un rudimentale sistema di sterzo. Sulla draisina non si pedalava. La si metteva in movimento spingendosi o remando con i piedi sul terreno; in discesa o quando si era presa velocità, si sollevavano i piedi da terra.

Era qualcosa di inedito. Nessuno prima aveva installato due ruote in linea su un telaio e fatto uso del precetto fondamentale della bicicletta: tenersi in equilibrio sterzando. All'epoca si pensava che senza appoggiare i piedi per terra si sarebbe caduti. La draisina insegnò all'uomo che è possibile stare in equilibrio su due ruote allineate se, e soltanto se, si può sterzare.

Una delle grandi domande senza risposta della storia del ciclismo è la seguente: perché, quando la tecnologia che rendeva possibile realizzare la draisina esisteva da almeno 3500 anni, ci volle tanto tempo per inventarla? Un'ipotesi è che nessuno credeva che si potesse davvero stare in equilibrio su due ruote in linea. È possibile che lo stesso Drais ci fosse arrivato per caso. Forse aveva previsto di dover stabilizzare la macchina facendo un uso quasi costante dei piedi. Solo dopo averla costruita, mentre scendeva veloce da un colle, sollevò entrambi i piedi da terra e si rese conto che poteva ottenere lo stesso risultato con l'aiuto del meccanismo di sterzo.

Imprimendo velocità alla sua macchina, Drais accelerò anche l'azione della marcia e della corsa, riducendo al contempo il consumo energetico richiesto. Per dimostrarlo, usò il veicolo per andare da Mannheim, dove viveva, a Schweitzinger Relaishaus e ritorno in un'ora, lungo la miglior strada del Baden. Per completare lo stesso tragitto a piedi ci volevano tre ore.

Col senno di poi sappiamo che la draisina fu il primo antenato della bicicletta, ma all'epoca non fece una grande impressione. Era costosa, ingombrante e pesava qualcosa come 45 chili. Il poeta John Keats la definì con disprezzo «il nulla del giorno». Era in anticipo sui tempi. In genere le strade erano in condizioni troppo malandate per poterle percorrere su una draisina, soprattutto d'inverno. Nel 1820 il veicolo era ormai stato bandito dalle vie di Milano, Londra, New York, Philadelphia e Calcutta. In Europa, quando i raccolti si ripresero, la draisina finì nel dimenticatoio e il sogno di un cavallo meccanico fu abbandonato per quarant'anni. Ironia della sorte, oggi la draisina sta vivendo un momento di rinnovata popolarità nella forma di una bici giocattolo che si ritiene costituisca *il* modo ideale di aiutare i bambini ad apprendere l'equilibrio. È un bell'esempio di come a volte le cose ritornano al punto di partenza.

Oggi saper andare in bicicletta è una cosa che si dà per scontata, in parte perché pensiamo che sia facile – una volta impara-

to, non lo si dimentica più – e in parte perché nella stragrande maggioranza dei casi impariamo a farlo da piccoli. Non è sempre stato così. Nel corso della storia della bicicletta, gli adulti hanno frequentato «scuole di guida» per imparare a tenere in equilibrio il veicolo, proprio come facciamo noi oggi per imparare a guidare l'automobile. Denis Johnson, un intraprendente fabbricante di carrozze di Londra che realizzava draisine su ordinazione, aprì la prima scuola di guida a Soho nel 1819. Faceva pagare uno scellino a lezione, offrendo i propri servizi ai dandy dell'alta società del periodo Regency, tra i quali quel veicolo fu alla moda per lo spazio di un'estate, tanto che gli fu affibbiato il nomignolo di «cavallo da dandy».

Il successivo salto evolutivo importante per la bicicletta avvenne a Parigi negli anni Sessanta dell'Ottocento: alla ruota anteriore della draisina furono applicate pedivelle e pedali rotanti. Nasceva il «velocipede». Tra il 1868 e il 1870 entrambe le sponde dell'Atlantico furono contagiate dalla moda del nuovo veicolo, la «velocipedemania». Dato che i pedali erano attaccati alla ruota anteriore, era necessario aggrapparsi con forza al manubrio per contrastare l'effetto di pendolamento indotto dalla pedalata. Inoltre, quando si curvava la sterzata era resa difficile dalla pressione sui pedali a causa del disallineamento tra la gamba e il piano su cui ruotava il pedale. Di conseguenza tutti andavano a «scuola» per imparare a guidare il velocipede. La prima ditta parigina a produrre velocipedi, la Michaux et Compagnie, aprì una scuola d'addestramento al coperto nel 1868, accanto ai suoi nuovi impianti di produzione. Chi acquistava un velocipede riceveva lezioni gratuite; gli altri pagavano gli istruttori all'ora. Dopo una mezza dozzina di lezioni, gli intrepidi velocipedisti erano pronti per affrontare le strade cittadine.

Quando nel 1869 il funzionamento di un velocipede parigino fu dimostrato a Londra, la reazione fu di grande meraviglia. La rivista *Ixion: A Journal of Velocipeding, Athletics, and Aerostatics*, pubblicò un resoconto dell'evento a firma di John Mayall, che sarebbe diventato un grande sostenitore del ciclismo:

> Non dimenticherò mai il nostro sbalordimento alla vista del signor Turner che sfrecciava per il locale seduto su una barra posta sopra un paio di ruote in linea che avrebbe dovuto, come noi ingenuamente credevamo, cadere immediatamente [...]. Mi girai verso il signor Spencer ed esclamai: «Per Giove, Charley, sta in equilibrio!»

Quello stesso anno un articolo del periodico *Scientific American* esprimeva lo stesso stupore: «Il fatto che un velocipede si mantenga in posizione verticale è una delle imprese più sorprendenti della meccanica pratica».

Nell'aprile del 1869 i fratelli Pearsall aprirono il «Primo Gymnacyclidium, ovvero la Grande accademia del velocipede» sulla Broadway a New York. Centinaia di influenti cittadini newyorkesi vi si recarono per provare l'ultima mania. Anche gli Hanlons, i famosi fratelli acrobati, aprirono una loro scuola. Alcuni «veloginnasi» pubblicizzavano lezioni per sole donne tenute da istruttrici. Si pubblicarono manuali di istruzioni per la guida. Imprenditori diffusero rapidamente la moda delle «accademie» o delle «piste» di velocipedi in tutto il paese: a fine primavera Boston vantava venti scuole, la maggior parte delle città più importanti ne avevano una dozzina e ogni cittadina ne aveva almeno una.

Nel 1869 un giornalista americano riassunse i motivi per cui queste scuole erano tanto popolari:

> I velocipedi sono oggetti carini da osservare mentre sfrecciano con tanta agilità e grazia quando a manovrarli è una mano esperta. Ma avete mai provato a condurne uno? Sembra facile accomodarsi sul piccolo sedile foderato, appoggiare i piedi sui pedali e sbalordire tutti con la vostra velocità; ma provateci! E non invitate le vostre amiche ad assistere a quella prima performance. Si monta sulla macchina con grande dignità e fiducia, sembra tutto chiaro, ci si accinge a sistemare i piedi nella posizione corretta e... iniziano i problemi. La prima mezzora se ne va [per decidere] chi debba assumere il comando, se voi o la macchina, e la macchina dimostra di possedere una perizia e una perseveranza che vi sorprenderanno.

Quando nel 1870 dall'evoluzione del velocipede nacque il biciclo *high-wheeler* o *ordinary* (il nomignolo di *penny-farthing* sarebbe entrato in uso solo più tardi),* disporre di un istruttore divenne altamente raccomandabile. I pedali erano ancora fissati alla grande ruota anteriore, il che inibiva l'azionamento dello sterzo, e il ciclista era appollaiato in cima a quella stessa ruota, così che l'altezza della caduta aumentava terribilmente. Di nuovo, ci fu una fioritura di scuole di guida che in genere erano associate a un fabbricante di biciclette. Quando la Columbia Bicycles trasferì la propria sede centrale nel Connecticut, i nuovi uffici *à la mode* vantavano, al quinto piano, «la più completa scuola di guida esistente».

* In Italia il veicolo divenne popolare con il nome di «Gran Bi». Il nomignolo inglese di *penny-farthing* deriva dalla differenza di diametro tra le due ruote, che ricordava quella tra due monete dell'epoca: il penny e il quarto di penny o *farthing*. [*n.d.t.*]

Nel 1884 il quarantottenne Mark Twain dichiarò: «Ho riconosciuto i miei anni inforcando per la prima volta un paio di occhiali e, nello stesso preciso momento, li ho rinverditi salendo per la prima volta su un biciclo. Gli occhiali sono rimasti su». *Domare il biciclo*, un saggio in cui Twain spiega i suoi tentativi di imparare a governare un *high-wheeler* con l'aiuto di un istruttore – o «Esperto» – ingaggiato all'uopo, illustra molto bene le insidie del veicolo:

> [L'Esperto] disse che smontare era forse la cosa più difficile da imparare e che perciò l'avremmo lasciata per ultima. Ma lì si sbagliava. Scoprì infatti, con sorpresa e contentezza, che tutto ciò che doveva fare era mettermi sulla macchina e scansarsi: ero in grado di scendere; e da solo. Pur essendo totalmente privo di esperienza, tornai a terra a tempo di record. Lui era da quel lato, per dar strada alla macchina; cademmo tutti con uno schianto, lui sotto, poi io, e la macchina sopra.

Dopo molti altri tentativi – «il risultato non cambiò [...] non si scende come si smonterebbe da un cavallo, si scende come ci si preciterebbe giù da un edificio in fiamme» – Twain riuscì finalmente a montare sul veicolo:

> Raggiungemmo una velocità di tutto rispetto e in breve incrociammo una mattonella; io fui proiettato fuori, sopra la barra dello sterzo, atterrai a testa in giù sulla schiena dell'istruttore e vidi la macchina che fluttuava nell'aria tra me e il sole. Fu un bene che finisse sopra di noi, perché questo frenò la sua caduta ed evitò che si procurasse dei danni. Cinque giorni più tardi uscii di casa e fui accompagnato giù all'ospedale, dove scoprii che l'Esperto non se la passava poi male. Pochi giorni dopo stavo benissimo. Attribuisco questo fatto alla precauzione di smontare sempre su qualcosa di morbido. Qualcuno raccomanda un letto di piume, ma io ritengo che sia meglio un Esperto.

L'Esperto si ributtò nella mischia con quattro assistenti e alla fine Twain imparò a stare in equilibrio e a sterzare:

> Il biciclo aveva quelli che si definiscono «sbarellamenti», e ne aveva di belli forti. Per mantenermi in posizione mi si richiedevano moltissime cose che, in ogni circostanza, risultavano contro natura. Intendo dire che, qualunque fosse la cosa che mi si richiedeva, la mia natura, le mie abitudini e la mia educazione mi inducevano a tentare di farla in un modo, mentre una qualche immutabile e inaspettata legge della fisica esigeva che fosse fatta nel modo esattamente opposto [...]. Se per esempio mi ritrovavo a cadere verso destra, per un impulso del tutto razionale abbassavo con forza la barra dello sterzo dall'altro lato, ma così facendo violavo una legge e proseguivo nella caduta. La legge richiedeva infatti l'azione opposta: bisogna girare la grande ruota nella direzione in cui si sta cadendo. È difficile da credere quando vi viene spiegato [...]. A questo punto è l'intelletto che deve intervenire per insegnare agli arti ad abbandonare i vecchi insegnamenti e adottare i nuovi.

La conclusione di Twain è memorabile: «Prendetevi un biciclo. Non ve ne pentirete, se rimarrete in vita».

Molti di coloro che pedalavano su un *high-wheeler* non rimanevano in vita. Con l'arrivo della *safety bicycle* nel 1885, il mondo ebbe finalmente una macchina sicura (almeno rispetto all'*high-wheeler*) e facile da governare. Poiché i pedali erano collegati alla ruota posteriore attraverso una catena, la ruota anteriore era di nuovo libera di assumersi la sua responsabilità principale: sterzare. Adesso erano solo gli anziani e i più prudenti ad aver bisogno dell'assistenza degli «esperti». Lev Tolstoj prese lezioni nel 1895, a sessantasette anni, e Jerome K. Jerome raccontò di come, nello stesso periodo, nei parchi londinesi «anziane contesse [e] nobiluomini sudati, ancora nella fase dei barcollamenti, lottavano coraggiosamente contro le leggi dell'equilibrio; e quando ne uscivano sconfitti gettavano le braccia attorno al collo dei massicci giovinastri che mietevano un raccolto abbondante facendo gli istruttori di ciclismo: 'Risultati garantiti in dodici lezioni' ».*

Per la stragrande maggioranza dell'umanità stare in equilibrio su una *safety bicycle* non creava problemi. In *The Complete Cyclist*, pubblicato nel 1897, A.C. Pemberton scriveva: «Quello che ogni principiante deve ricordare è semplicemente di girare il manubrio nella direzione in cui sta cadendo [...] il resto è facile», che è poi la ragione principale dell'attrazione universale che la bicicletta continua a esercitare ancora oggi.

Bicycling Science, un tomo accademico sulla fisica che sta alla base del veicolo, spiega l'arte di stare in equilibrio su una bici come «fare i piccoli movimenti di sostegno necessari a neutralizzare ogni caduta non appena inizia, accelerando la base in senso orizzontale nella direzione in cui la bicicletta si sta inclinando quanto basta perché la reazione all'accelerazione (la tendenza del baricentro a rimanere indietro) vinca l'effetto inclinante dello squilibrio».

Forse Twain esprime meglio il concetto, ma il punto è che l'equilibrio è al centro della storia della bicicletta. Drais lo comprese, anche se lo scoprì per caso. E la chiave per tenere in equilibrio una bicicletta è imparare a girare il manubrio dal lato in cui la bici si sta inclinando, riportando così il baricentro sopra la base di sostegno e riacquistando stabilità; una stabilità solo temporanea, è ovvio, dato che la bicicletta segue una traiettoria più o meno curva, con leggere ma continue deviazioni da un lato o dall'altro. Mi sono spesso domandato se non ci sia proprio questo – il suo eterno tragitto serpeggiante, la «nobile curvatura del percorso» come la chiamò H.G. Wells – alla radice del mio amore per la bicicletta.

All'inizio un bambino che impara ad andare in bicicletta si rifiuterà di sterzare dalla parte verso cui la bici si inclina; e una volta che avrà accettato questa regola, tenderà a fare correzioni

* Jerome K. Jerome, *La mia vita e i miei tempi*, tr. it. di Silvio Spaventa Filippi, Sonzogno, Milano 1928. *[n.d.t.]*

esagerate, strattonando il manubrio a destra e a sinistra, sbandando di qua e di là come un marinaio in licenza pieno di rum. Col tempo le manovre di correzione sullo sterzo si faranno più delicate, e diverranno completamente naturali.

Se lo sterzo di una bicicletta viene intralciato o bloccato, restare in equilibrio è impossibile. Se vi è mai capitato di finire con la ruota anteriore nel binario di un tram o fuori carreggiata in un canale di scolo stretto, sapete di che cosa sto parlando. Inoltre, una bicicletta deve avanzare per rimanere in equilibrio. Stare in equilibrio su una bici ferma – una manovra che prende il nome di «surplace» – è difficile. I ciclisti che vedete a bordo di una bici a scatto fisso mentre a un semaforo rosso riescono a mantenersi in equilibrio senza mettere un piede a terra sono fermi solo nominalmente: con la ruota anteriore messa ad angolo, stanno facendo compiere alla bicicletta movimenti impercettibili avanti e indietro. Stanno anche esibendo la propria abilità. Lo so. Lo facevo anch'io.

Per un anno fui ossessionato dall'idea di non appoggiare mai un piede a terra ovunque andassi in bicicletta per Londra. Essere capaci di stare in surplace a un semaforo era una delle abilità richieste; ma era fondamentale anche prevedere quando un semaforo sarebbe diventato rosso per frenare in anticipo, sapere quando passare col giallo e intuire le manovre degli automobilisti. Andavo regolarmente dal mio appartamento di Paddington, a nord di Hyde Park, fino al college della City dove studiavo fotogiornalismo senza mai toccare l'asfalto con un piede. Erano sei chilometri facili: conoscevo la sequenza di accensione dei semafori agli incroci principali e il mio tragitto evitava le strade più congestionate. Più difficile era andare da Paddington a Camberwell, a sud del Tamigi, dove viveva la mia ragazza. Se arrivavo percorrendo il sentiero del giardino di casa sua con un sorriso da idiota stampato sulla faccia, lei capiva che c'ero riuscito. «Fai sembrare normali le persone che camminano evitando di calpestare le righe sul marciapiede. Dovresti farti curare» mi diceva. La nostra relazione non durò.

Ancora oggi c'è una piccola minoranza di adulti che non sanno andare in bicicletta, per non parlare di stare in surplace. In Gran Bretagna sono circa l'8 per cento delle donne e l'1 per cento degli uomini, secondo una recente indagine del Transport for London. Sembra che la maggior parte degli adulti di sana costituzione possa afferrarne i rudimenti in una seduta di tre ore. Ma la cosa più bella di imparare ad andare in bicicletta è che è sufficiente farlo una volta sola.

Esiste una spiegazione neuroscientifica del perché non dimentichiamo mai come si fa ad andare in bicicletta. Nel nostro cervello abbiamo un tipo di cellule nervose che controllano la formazione dei ricordi relativi alle abilità motorie. Si chiamano «interneuroni dello strato molecolare» e codificano i segnali elettrici che si dipartono dal cervelletto – la parte dell'encefalo che controlla i movimenti coordinati – in un linguaggio che può essere immagazzinato come ricordo in altre parti del cervello. Ovviamente i nostri interneuroni dello strato molecolare non codificano soltanto le capacità necessarie ad andare in bicicletta; codificano tutte le capacità motorie, da quelle che servono per avanzare carponi a quelle dello sciatore, dal lavoro a maglia al tango.

Ciò che tutto questo non spiega è perché proprio la capacità di andare in bicicletta sia stata scelta come l'esperienza condivisa a cui facciamo riferimento per illustrare come, una volta che abbiamo imparato qualcosa, essa può imprimersi nella memoria in maniera tanto nitida che la portiamo con noi fin nella tomba. «È come andare in bicicletta». È questo che diciamo parlando di qualcosa che non disimpareremo mai. Perché invece non «come remare», o «come mangiare con le bacchette» o «come nuotare a rana»? Per qualche motivo abbiamo scelto il saper andare in bicicletta come la capacità motoria di riferimento grazie a cui è possibile valutare i nostri interneuroni dello strato molecolare. Non so perché. Né sono sicuro che qualcuno lo sappia.

Potrebbe avere a che fare con il rapporto tra bicicletta e infanzia. Come ho detto, gran parte di noi impara ad andare in bicicletta presto, «prima che maturi l'ora cupa della ragione», per citare le parole di John Betjeman. Forse nell'infanzia il cervelletto invia segnali elettrici più forti, segnali che vengono codificati con grande attenzione e depositati in un luogo sicuro, l'equivalente cerebrale di una cassetta di sicurezza chiusa nel caveau d'acciaio di una banca di Zurigo. O forse ha a che fare con il modo perfetto in cui l'azione di andare in bicicletta si adatta al software umano, cosicché i nostri interneuroni dello strato molecolare possono codificarne le capacità motorie garantendo che i file non subiranno danni nel corso della vita dell'utilizzatore.

Potrebbe anche avere a che fare con l'incredibile bilanciamento della *safety bicycle*. Questo veicolo è così ben equilibrato che non ha nemmeno bisogno di una persona che lo governi. Se si lascia scendere lungo un pendio una bicicletta con le ruote ben allineate, lo sterzo libero e senza nessuno a bordo, essa proseguirà in linea retta e mantenendosi verticale fino a raggiungere una velocità che dipende dal modo in cui è stata progettata. Una bicicletta non governata può persino eseguire automaticamente i piccoli movimenti dello sterzo necessari a raddrizzarla dopo un sobbalzo o un altro tipo di disturbo esterno. I fisici la definiscono «stabilità intrinseca». Spesso si trova scritto che è il solo momento giroscopico dovuto alla rotazione delle ruote a mantenere dritta una bicicletta priva di guida. Non è vero. L'effetto giroscopico è uno di molti sottili fattori, tra cui la geometria e la distribuzione delle masse, che sono alla base di un veicolo che si mantiene in equilibrio da sé.

Che sia governata oppure no, una bicicletta ha bisogno di un sistema di sterzo ben equilibrato e tenuto con cura per rimanere diritta. Tale sistema è composto dal manubrio, dall'attacco manubrio, dalla forcella anteriore e dalla serie sterzo. La forcella è unita al telaio tramite un cannotto, un perno cilindrico che si innesta nel tubo di sterzo; l'attacco manubrio (chiamato anche «pipa») collega il manubrio al cannotto della forcella. La serie sterzo è composta sostanzialmente da due calotte, sistemi di cuscinetti che vengono inseriti a pressione nelle estremità superiore e inferiore del tubo di sterzo. La serie sterzo consente così alla forcella di ruotare in modo indipendente dal telaio, per sterzare e mantenere la bicicletta in equilibrio.

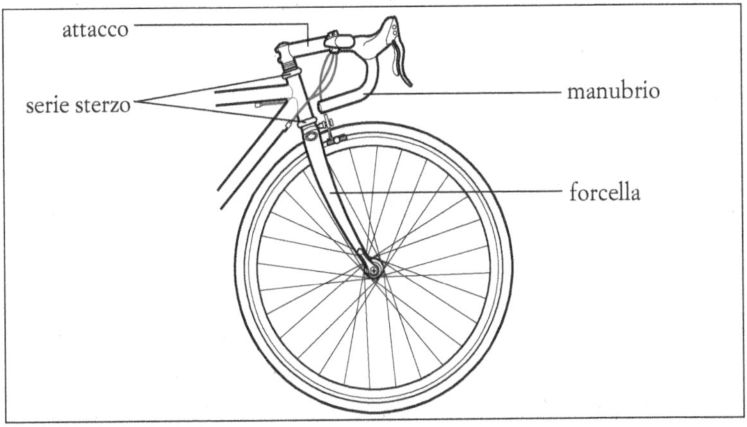

«Lo consideriamo una sorta di test preliminare» mi dice Chris DiStefano, salutandomi con un sonoro applauso all'ingresso di una fabbrica dall'aspetto dimesso e senza insegne in fondo a Nela Street, una strada senza uscita, priva di cartelli e di segnaletica orizzontale, nei recessi di una grande area industriale alla periferia nordoccidentale di Portland, nell'Oregon. Trovare la Chris King Precision Components mi aveva portato via mezza mattinata. Avevo chiesto indicazioni almeno venti volte. «No. Mai sentita, mi spiace» era la risposta che immancabilmente avevo ricevuto. Eppure era strano. L'azienda è famosa per la splendida fattura dei componenti per biciclette che produce: mozzi, movimenti centrali e, soprattutto, serie sterzo. La sua reputazione ha raggiunto ogni angolo del pianeta, possibile che la gente che lavora lì a un passo non ne avesse mai sentito parlare? Che diavolo, non sanno nemmeno dove si trovi Nela Street! E questo fatto conferma una cosa che ho imparato molto tempo fa viaggiando in bicicletta: se vuoi informazioni su un luogo evita, per l'amor del cielo, di rivolgerti a gente del luogo. Alla fine l'avevo trovata con lo stesso metodo di chi riesce per la prima volta a trovare l'equilibrio su una bici: per tentativi ed errori.

Chris DiStefano è il direttore commerciale della Chris King. Quando gli avevo scritto una prima e-mail per esporgli nelle linee generali il mio progetto e accennargli alla possibilità di venire a visitare la fabbrica per assistere alla realizzazione della serie sterzo della bici dei miei sogni, tutte le porte si erano chiuse di scatto: niente visite complete, foto dello stabilimento proibite, niente «ordinazioni sul posto» di componenti. Un'intervista a Chris King, mi scrisse Chris DiStefano, era «fuori questione. Diavolo, lo so che le do solo cattive notizie». Grazie al cielo, prima del mio arrivo l'atteggiamento di Chris si era fatto un po' meno freddo, anche se l'incontro con Chris King era destinato a sfumare definitivamente: il titolare era «in vacanza».

«La visita di tutti gli altri termina qui» mi dice Chris, fermo sulla porta che divide la reception dalla fabbrica. È agile come un appassionato cicloamatore, con le braccia lunghe di un pugile e la mimica imprevedibile di un comico da cabaret. «Ma dato che è la bicicletta dei *suoi* sogni, *e* dato che è venuto fin qui dal Galles, abbiamo deciso di invitarla a vedere cosa c'è oltre la porta proibita».

Attraversiamo il reparto di finitura e assemblaggio dei componenti, dove si stanno raccogliendo e confezionando alcune serie sterzo («ognuna destinata alla bicicletta dei sogni di qualcuno» mi dice Chris) e in un angolo una macchina laser sta incidendo il logo della ditta su dei mozzi. Chris mi spiega che sono persone che lavorano in ogni reparto ad averlo ideato. Hanno meno di cento dipendenti, ma questo li aiuta a dar loro il senso che l'azienda gli appartenga.

«Chris King è entrato in questo ramo d'attività nel 1976. Era un cicloturista entusiasta e aveva sentito troppe volte i suoi amici ciclisti lamentarsi di serie sterzo difettose» mi spiega Chris. «Con la sua esperienza ingegneristica nell'ambito delle apparecchiature mediche, pensava di poter far meglio e così progettò la prima serie sterzo con cuscinetti *sigillati*».

Abbiamo raggiunto una balconata che si affaccia sul reparto Prototipi e sviluppo dell'officina. C'è solo una macchina in funzione e mi chiedo se il lavoro sui prototipi non sia stato sospeso per la mia visita. Se qualcuno fosse implicato in un'attività di spionaggio sulle serie sterzo, scrivere un libro sull'assemblaggio della bicicletta dei suoi sogni sarebbe un'ottima copertura.

Nella bicicletta la serie sterzo è un componente poco appariscente ma di fondamentale importanza. È anche una parte che riceve botte terrificanti dalla strada. I cuscinetti a sfera contenuti all'interno della calotta inferiore di una serie sterzo sono soggetti a un carico diverso rispetto ai cuscinetti che si trovano in tutte le altre parti rotanti della bicicletta. Subiscono un carico assiale e ruotano poco, il che rappresenta una situazione spiacevole quando gli impatti causati dalla strada vengono trasferiti a dei cuscinetti fermi. Tale fenomeno prende il nome di «sforzo assiale» e può produrre vaiolature o brinellature sui cuscinetti. Il problema si aggrava quando si pedala fuoristrada o su una bicicletta da turismo sovraccarica.

«Con l'avvento della mountain bike il problema dei componenti dello sterzo di scarsa qualità si è amplificato» mi dice Chris. Stiamo attraversando il reparto principale dell'officina, piena di attività e rumori, dei rimbombi, degli echi sordi e dei tintinnii del metallo lavorato che prende vita. «Immagini di pedalare su una mountain bike, okay? Per la serie sterzo è come un martello pneumatico. E se usa la sua bici in luoghi umidi, la vita è ancora più dura per una serie sterzo. Perciò è necessario avere dei buoni cuscinetti. Ed è quello che facciamo qui: ottimi cuscinetti. È vero, facciamo anche delle fantastiche calotte di alluminio in un assortimento di colori deliziosi per alloggiare i cuscinetti, e la gente chiama a ragione i nostri componenti 'gioielli per bici'. Ma in realtà quello che facciamo è costruire degli ottimi cuscinetti a sfera».

L'industria della bicicletta fu la prima a fare un uso generalizzato dei cuscinetti a sfera, anche se il concetto su cui si basano era stato compreso molto più indietro nel tempo. Galileo ne diede una descrizione nel Seicento, Leonardo da Vinci ne scrisse un secolo prima, e persino nelle galee romane sono stati trovati resti di cuscinetti a sfera in legno che risalgono al 40 a.C. Il funzionamento dei cuscinetti è molto semplice: se due superfici rotolano una sull'altra invece di scivolare, l'attrito tra di esse subisce una notevole riduzione. Su una bicicletta moderna ci sono cuscinetti – piccole sfere d'acciaio duro in un bagno di fluido lubrificante – tra le parti fisse e rotanti dei mozzi, del movimento centrale, dei pedali, della ruota libera e della serie sterzo. Senza cuscinetti andare in bicicletta sarebbe come pedalare su una slitta.

L'umile cuscinetto a sfera fece il suo spettacolare ingresso nella storia della bicicletta a Parigi nel 1869, in una fredda e umida giornata novembrina. Oltre cento ciclisti, compresa una manciata di donne, si erano radunati sotto l'Arco di Trionfo davanti a una folla di migliaia di persone. Alle sette e mezzo di mattina qualcuno sventolò una bandiera e i corridori partirono per la città di Rouen, 125 chilometri a nordovest della capitale francese.

Fu la prima corsa ciclistica su strada organizzata al mondo. Su strade in condizioni pessime, fu il test più ambizioso che uomo e macchina avessero mai affrontato. Il premio per il vincitore era di 1.000 franchi, e ad aggiudicarselo fu James Moore, un inglese cresciuto a Parigi di fronte alla casa di una famiglia di fabbri, i Michaux, che costruivano velocipedi. Moore, che in Gran Bretagna era noto come il «Flying Frenchie» e in Francia come «l'Anglais Volant» sarebbe diventato uno dei ciclisti più famosi dell'epoca. Vinse molte gare, stabilì il re-

cord della distanza percorsa in un'ora e si aggiudicò diversi titoli mondiali, ma la sua fama è dovuta soprattutto alla vittoria nella prima Parigi-Rouen.

L'organizzazione della Parigi-Rouen fu interrotta nel 1870 per lo scoppio della guerra franco-prussiana, ma la gara divenne il modello per tutte le classiche europee su strada che sarebbero seguite e che continuano a correrse ancora oggi. Ogni nuova competizione – la Bordeaux-Parigi, 560 chilometri che si percorrevano in un giorno e una notte, inaugurata nel 1891, la Parigi-Brest-Parigi, nata anch'essa nel 1891, la Liegi-Bastogne-Liegi nel 1892, la Parigi-Roubaix nel 1896 e il Tour de France nel 1903, per citarne alcune – sembrava tentare di eclissare le precedenti. Ma la Parigi-Rouen stabilì il primo riferimento nel rapporto duraturo tra corse in bicicletta e sofferenza umana. Si narra che prima della corsa Moore abbia detto: «Arriverò primo, o troveranno il mio corpo sulla strada».

È un sentimento eroico, un sentimento che da allora non ha mai smesso di essere una pietra angolare delle corse ciclistiche su strada, un sentimento che ha fornito una risorsa inesauribile per la commercializzazione di biciclette da corsa, componentistica, abbigliamento, vacanze, giornali, libri, film e per le corse stesse. Naturalmente è anche il sentimento che per un secolo ha tollerato l'abuso di droghe nell'ambito di questo sport, il sentimento che uccise Tommy Simpson nel Tour de France del 1967: il suo corpo lo trovarono davvero sulla strada, con il sangue pieno di anfetamine e di cognac, a un chilometro e mezzo dalla vetta del famigerato Mont Ventoux. Aveva pedalato fino alla morte. In realtà non pronunciò la frase «Rimettetemi sulla bicicletta», come narra la leggenda, ma l'epitaffio inciso sulla sua lapide nel camposanto di Hartworth, nel Nottinghamshire, recita: «Il corpo gli doleva, le gambe erano stanche, ma lui non mollò».

A dire il vero la vittoria di Moore nella Parigi-Rouen del 1869 aveva più a che fare con un vantaggio tecnico che non con la determinazione umana. Moore correva sulla sola bicicletta che avesse cuscinetti a sfera nell'asse dei pedali. Mi rendo conto che i cuscinetti a sfera sono meno affascinanti della forza fisica e morale dell'uomo, ma questa è la semplice verità. La mattina del 7 novembre 1869 a lanciarsi giù per Avenue de la Grand Armée c'erano veicoli di ogni tipo, compresi monocicli, tricicli e quadricicli. James Moore, così come tutti i veri corridori che presero parte alla gara, montava un velocipede. La corsa era organizzata dalla rivista *Le Vélocipède Illustré* e dai fratelli Olivier, proprietari della Michaux et Compagnie, la ditta di successo che produceva velocipedi.

Purtroppo le cronache dell'epoca non riportano i dettagli precisi del destriero di Moore. Forse pedalava su una pesante macchina in legno con coperture di gomma piena costruita da Michaux, suo vecchio amico di famiglia. O forse era su una bicicletta preparata espressamente per l'evento dal meccanico francese Suriray. Tutti i resoconti concordano però su un punto: quel giorno la sua bicicletta fu la prima ad avere dei cuscinetti a sfera nell'asse dei pedali, garantendo un rotazione più morbida delle pedivelle e una pedalata più efficace. Moore si aggiudicò la corsa con quindici minuti di vantaggio.

Il primo brevetto di cuscinetti a sfera era stato concesso nel 1794 a Philip Vaughn, un inventore gallese che possedeva una fonderia. Vaughn aveva inserito dei cuscinetti radiali negli assi delle carrozze per facilitarne il traino. Curiosamente la sua idea non prese piede. Suriray aveva ottenuto il primo brevetto francese per cuscinetti a sfera nel 1869. Secondo lo storico H.O. Duncan, Suriray ottenne che alcuni condannati della prigione di Sainte-Pelagie, vicino a Parigi, molassero a mano i cuscinetti per la bicicletta di Moore. Il problema era che quei cuscinetti a sfera fatti a mano si riducevano in polvere rapidamente sotto i carichi che subivano sulla bicicletta.

Alla fine degli anni Settanta dell'Ottocento due fabbricanti di utensili di Birmingham, William Bown e Joseph Hughes, depositarono i brevetti per il cuscinetto lubrificato e per l'anello di rotolamento – l'anello di metallo liscio che ospita le sfere del cuscinetto – e applicarono le loro idee alle ruote delle biciclette e delle carrozze e ai pattini a rotelle con il marchio *Aeolus*. I cuscinetti a sfera con anello orientabile di Hughes divennero presto un componente standard nell'industria della bicicletta. Ma il progresso più grande arrivò dalla Germania. Friedrich Fischer è considerato dagli appassionati di cuscinetti di tutto il mondo il «padre dei moderni cuscinetti a sfera». Probabilmente non è un'onorificenza a cui molti aspirerebbero, ma chi va in bicicletta deve ringraziare, e molto, Fischer. Fu lui a inventare la macchina per la rettifica delle sfere nel 1883; per la prima volta una macchina permetteva di produrre sfere d'acciaio di forma perfetta, e in grandi quantità. La compagnia fondata da Fischer è ancora sulla breccia. Fu questo, lo sviluppo di sfere d'acciaio di precisione con superfici estremamente dure, a permettere che i cuscinetti a sfera fossero applicati a tutte le parti rotanti della bicicletta, e poi dei motocicli, degli aeroplani, delle automobili, delle navi, degli skateboard, delle presse da stampa: praticamente di qualsiasi macchina immaginabile.

Oggi i cuscinetti vengono fabbricati usando macchinari altamente sofisticati. La bontà del loro funzionamento dipende da molti fattori delicati, il più importante dei quali è la qualità con cui sono progettati. Cuscinetti ben realizzati, finiti con un alto grado di precisione, possono durare per molti milioni di rotazioni, ovvero per un bel po' di chilometri percorsi in bicicletta. Eppure oggi c'è la tendenza da parte dei fabbricanti di componenti per biciclette a usare cuscinetti fatti di materiali più leggeri e scadenti, fino a ridurne la vita a un minimo tollerabile. Ho consumato cuscinetti nei mozzi, nei movimenti centrali e nei pedali, e anche alcune serie sterzo mi hanno tradito. Queste ultime, in compenso, tendono a non cedere di colpo: c'è un preavviso del fatto che qualcosa non va. Tuttavia, non appena i cuscinetti della serie sterzo cominciano a cedere, altrettanto fa lo sterzo. E una volta che vi sia capitato di avvertire anche la minima imprecisione nella sterzata, quando il vostro cervello ha inviato inconsciamente le istruzioni alle vostre mani guantate e il manubrio si è mosso in un modo e la ruota anteriore in un altro, non riuscirete più a fidarvi della vostra bicicletta.

Per i primi quindici anni di attività la Chris King produsse serie sterzo in piccole quantità, ma questi componenti divennero prodotti di culto che si guadagnarono un seguito di ammiratori entusiasti. Io non le avevo mai viste pubblicizzate, né avevo mai sentito qualcuno parlarne nel Regno Unito, almeno fino a cinque anni fa, quando cominciai a notarle su alcune magnifiche biciclette; non erano necessariamente biciclette costose, ma tutte quante trasudavano cura nei particolari e un tocco di classe.

«I nostri clienti sono in gran parte veri appassionati di ciclismo. Apprezzano la precisione, la durevolezza e la qualità dei nostri componenti. E condividono la nostra filosofia: fare qualcosa una volta sola e farla in modo che duri nel tempo» mi dice Chris DiStefano. Siamo ancora nel reparto principale dell'officina. Vi regna una pulizia inconsueta. Chris mi indica il sistema di ventilazione che cattura la «nebbia» d'olio presente nell'aria e la ricicla.

«Non abbiamo modelli di vario livello» prosegue. «Non si acquista un componente CK di livello base per aspirare a possederne uno del livello successivo; non si risparmiano soldi per comprarlo e sostituire il vecchio e risalire lungo una scala di qualità. Da noi si compra *una* serie sterzo. Può darsi che viva su sei telai diversi. O può darsi che viva su una sola bicicletta per anni, per un decennio, per due. Il punto è farlo una volta sola, e farlo nel miglior modo possibile, così che non si sia costretti a estrarre di nuovo i materiali per realizzarla».

È una buona filosofia. Non è certo l'approccio più remunerativo all'attività manifatturiera, ma se ci si basa sull'esperienza della Chris King, è una filosofia che può funzionare.

«Noi non pianifichiamo l'obsolescenza dei nostri componenti. Non abbiamo il nuovo modello dell'anno. Non cambiamo i nostri prodotti annualmente. La serie sterzo filettata da un pollice che vendiamo ancora oggi è lo stesso identico modello che Chris King iniziò a costruire e a vendere ai suoi amici nel 1976».

Nel frattempo siamo tornati indietro, passando di nuovo attraverso file di macchine utensili che adesso sono inattive, oltre gli uffici amministrativi dove mi è stato mostrato l'ufficio assolutamente vuoto di Chris King («È in vacanza» mi dice DiStefano per la terza volta) e siamo arrivati all'ingresso della mensa. I dipendenti si stanno sedendo per il pranzo. Assomigliano più a un gruppo di Hell's Angels che agli operai di una ditta metalmeccanica leggera.

«Ah, sì» commenta Chris. «È il look di Portland. Tanto più a lungo vivi qui, quanti più tatuaggi hai. Un po' come gli anelli di accrescimento delle querce. Ha fame? Non si mangia male qui da noi, sa?»

Il menù costituisce una lettura improbabile per la mensa di una ditta: uova alla Benedict per colazione, Caesar salad per pranzo. «Il cibo è una parte importante della Chris King, è importante per la ditta e per il suo proprietario» mi dice Robert, lo chef, mentre affetta un petto di pollo. Il cibo è una parte importante del ciclismo, penso io. Ogni volta che passo un'intera giornata in bicicletta, il mio appetito è estremo, e lo è in ogni senso: lo è per la quantità di cibo che posso mangiare, per il puro piacere sensoriale che provo mangiandolo e per l'atavica sensazione di sazietà che provo dopo averlo mangiato. Il ciclismo stimola un appetito che è potente quasi quanto il desiderio sessuale. Insieme alla pace e alla pienezza spirituale che provo quando vado a dormire dopo una lunga pedalata, saziare la fame è uno dei piaceri più grandi che dà il ciclismo.

«Proprio così» commenta Chris quando glielo dico. «L'altra sera quando sono tornato a casa dopo un giro di sei ore in mountain bike (sa, uno di quei giri di tre ore che proseguono all'infinito) ho cenato due volte».

Ci sediamo a pranzare con Diane Chalmers, vicepresidente operativa della Chris King. Mi spiega che la qualità dei pasti alla mensa fa parte di un'iniziativa volta a incoraggiare i dipendenti a venire al lavoro in bicicletta:

> Perlopiù si tratta delle cose ovvie: un parcheggio per le biciclette sicuro, le docce, gli armadietti arieggiati (Portland può essere

molto umida) e i consigli sugli itinerari. Facciamo tutto questo. Ma uno dei modi più innovativi di indurre i dipendenti a usare le biciclette è usare il cibo della mensa. Chi viene al lavoro in bicicletta ottiene dei crediti che può spendere in mensa. L'altro modo che abbiamo adottato è di organizzare due sfide di pendolarismo in bicicletta della durata di un mese. Chi viene al lavoro ogni giorno in bici in maggio o in settembre si guadagna due giorni extra di ferie pagate, con un massimo di quattro giorni per chi lo fa in entrambi i mesi. A quanto ne sappiamo, siamo gli unici a fare una cosa del genere. E funziona bene. Genera un senso di comunanza tra i dipendenti e favorisce il nostro coinvolgimento nella comunità in senso ampio, dato che una delle sfide mensili è inserita in un progetto che riguarda l'intera città di Portland. Ma a dire il vero lo facciamo semplicemente per promuovere il ciclismo.

Ciò che mi aveva portato alla Chris King era l'eleganza e l'affidabilità dei suoi componenti. Probabilmente mi aspettavo di visitare un'officina sudicia, piena di rumori minacciosi e di uomini che si esprimevano a monosillabi aspirando tè dolce attraverso i buchi tra i denti, un rozzo luogo di lavoro che James Moore avrebbe forse riconosciuto e apprezzato. Immaginavo di trovarmi di fronte a un omone in tuta da lavoro blu con una barba alla ZZ Top; io che dicevo «Lei è Chris King?» e lui che rispondeva, «Be', chi lo vuole sapere?» Invece me ne sto seduto accanto a una donna attraente in una moderna caffetteria a mangiare Caesar salad e a discutere di politiche illuminate per incoraggiare l'uso della bicicletta.

Mi piace l'azienda, la Chris King. In effetti mi piace anche Portland. La città ha iniziato a incrementare seriamente le infrastrutture ciclistiche nel 1993, e nell'ultimo decennio il numero di ciclisti si è decuplicato. Oggi gli abitanti di Portland fanno un uso pro capite della bicicletta per gli spostamenti urbani che è maggiore di quello di ogni altra grande città americana. Portland ha un'estesa rete di corsie riservate alle biciclette, percorsi interdetti al traffico motorizzato e piste ciclabili, nonché segnaletica verticale e orizzontale per i ciclisti. Nella zona del centro, i semafori sono regolati in modo da controllare che la velocità del traffico sia sufficientemente ridotta perché i ciclisti possano tenere il passo con il flusso dei mezzi motorizzati. Si può salire con la bicicletta su tutti gli autobus, i tram e sulla rete ferroviaria leggera. È stato posto un limite ai parcheggi per automobili e ovunque ci sono rastrelliere per le biciclette. Alla Portland State University c'è un istituto che si dedica alla ricerca sul traffico pedonale e ciclistico. Ho letto che con la bicicletta qualcuno trasloca persino: fate girare la voce e una flottiglia di ciclisti si presenterà per spostare il lavello della vostra cucina.

L'Oregon ospita una fiorente industria del legname. Quindici anni fa attraversai lo stato in bicicletta. A quel tempo impazzava la guerra tra ambientalisti e industria del legno. Un giorno pedalavo lungo la Pacific Coast Highway, diretto verso la California. La strada, che costeggia l'oceano, sale e scende in una serie di pendii scoscesi. Pioveva forte. Lungo una delle discese il vento sballottava la mia bicicletta e gli spruzzi che si levavano dalla strada mi accecavano. Mentre scendevo a tutta velocità, un camion mi sorpassò e frenò. Quando lo raggiunsi affiancandolo all'interno, il camion mi venne minacciosamente vicino: un colpetto del polso dell'autista e sarei morto. Il finestrino del passeggero si abbassò. Attraverso la coltre d'acqua riuscii a intravvedere la visiera di un cappellino da baseball, una barba e poi dei denti. Quando i nostri occhi si incontrarono, l'uomo sbraitò: «Fottuto parassita!»

Per una città come Portland, la più popolosa dell'Oregon, una metropoli tappezzata da un reticolo di autostrade a otto corsie, priva di una storia ciclistica e con una tradizione di industrie di cibi in scatola e surgelati, è una bella svolta diventare la capitale statunitense dei pedali.

«Se le offri condizioni di sicurezza, la gente andrà in bicicletta» mi aveva detto Sam Adams, sindaco di Portland. C'eravamo incontrati il giorno precedente alla mia visita alla Chris King, in occasione di un evento annuale cittadino che prende il nome di «Pedalata sui Ponti»: molte delle vie della città e i ponti principali che scavalcano il fiume Willamette erano stati chiusi al traffico e 17.000 persone avevano inforcato le loro biciclette.

«Molto di ciò che abbiamo fatto potrebbe essere replicato facilmente da qualsiasi altra città» mi aveva detto Sam. «E a dire il vero abbiamo appena iniziato. Il nostro traguardo è portare il totale degli spostamenti compiuti in bicicletta all'interno della città al 25 per cento. È un obiettivo realistico». Un'iniziativa a livello municipale come questa ha attratto a Portland attività imprenditoriali legate al mondo del ciclismo e persone appassionate di bicicletta da tutti gli Stati Uniti. La Chris King si è trasferita qui dalla California.

«Si potrebbe dire che Portland si è appropriata dell'energia che circonda la bicicletta» mi dice Slate Olson. Slate, che si è trasferito a Portland da San Francisco, è il responsabile della succursale statunitense della Ralpha, un'azienda britannica che produce abbigliamento per ciclismo. Ci incontriamo per un caffè sulla Mississippi Avenue, una via bohémienne nel Nord della città che brulica di biciclette dalla mattina alla sera.

> Sì, ci sono decine di migliaia di persone che vanno al lavoro in bicicletta tutti i giorni, ma anche – nei finesettimana – 1200 persone che partecipano a gare di ciclocross; c'è un gruppo di giovani che si autocostruisce e usa *mutant bikes*; ci sono tornei di polo e giostre medievali in bici; ogni settimana un altro gruppo si dedica allo «zoobomb», una gara su minibici giù per la discesa di Washington Park. Siamo pieni zeppi di sottoculture della bicicletta. Ah, abbiamo anche il più grande raduno di nudisti in bicicletta d'America. Dicono che a Portland si tiene un evento ciclistico ogni ventisette minuti. Un politico non può sperare di essere eletto senza un programma dedicato alle biciclette. In città ci sono almeno venticinque costruttori di telai personalizzati, il che fa di Portland il centro della rinascita delle biciclette realizzate a mano. Ed è un modello ispiratore. Molte città americane

guardano alla scena ciclistica di Portland e si chiedono come fare per raggiungere lo stesso risultato.

Ho visitato l'officina di Sacha White, un apprezzato telaista di Portland. Mi ha parlato della rinascita di piccole comunità in città grazie all'uso alla bicicletta:

> Il 50 per cento dei ragazzini della scuola che frequentano i miei figli ci va in bici tutti i giorni. Se vivi e lavori e fai la spesa nella tua zona, allora avrai una comunità forte. La grande casa in periferia con una recinzione intorno, i quindici chilometri da fare in macchina ogni giorno per portare i figli a scuola e i trenta chilometri per andare al lavoro: è questo che distrugge le comunità. Credo che ci sia una generazione intera che sta rielaborando l'idea del sogno americano. Andare in bicicletta sta di nuovo diventando un'attività socialmente accettabile. Noi stiamo cercando di dare una mano a tutto questo costruendo buone biciclette che siano mezzi di trasporto, biciclette che siano davvero utili, non semplici giocattoli.

Sacha è un uomo che parla con pacatezza ma ha idee molto chiare su ciò che fa e sul perché lo fa. Costruisce biciclette per un mondo nuovo. Inutile dire che tutte le sue biciclette montano serie sterzo della Chris King.

Dopo il pranzo in mensa, Chris DiStefano mi riaccompagna da basso, al reparto assemblaggio dei componenti. Nell'angolo di un banco di lavoro c'è la mia serie sterzo. Chris mi afferra una spalla con una mano e con l'altra solleva la serie sterzo sopra di noi, alla luce, tenendola tra l'indice e il pollice: «È una 'No Threadset'

da un pollice e un ottavo, con il logo *sotto voce* in argento. Le assicuro che si abbinerà con qualsiasi colore lei scelga per dipingere la sua bici» mi dice. «Ha una garanzia di dieci anni, per dirle quanto consideriamo buoni i nostri cuscinetti. È una serie sterzo da sogno, per una bicicletta da sogno».

Il nome di Cino Cinelli echeggia nella storia delle moderne biciclette da corsa. Oggi è necessario avere una laurea in Chimica e un dottorato in Sistemi polimerici compositi per lavorare nel ramo ricerca e sviluppo dell'industria delle biciclette. Cino Cinelli abbandonò la scuola a quattordici anni, nel 1930, e si fece un'istruzione sulla strada correndo in bicicletta. Nella sua carriera da professionista, che durò quasi un decennio, vinse tra l'altro il Giro di Lombardia, il Giro del Piemonte e il Giro di Campania. Il suo miglior risultato in sella a una bicicletta fu la vittoria nell'edizione del 1943 della Milano-Sanremo, la massacrante classica in linea di 298 chilometri.

Convinto che la bicicletta fosse matura per essere innovata, nel 1948 Cinelli si trasferì a Milano e si mise in affari con suo fratello. Un ramo della ditta Cinelli distribuiva componenti di prima fascia realizzati da altri produttori, il che fece di Cino una sorta di padrino dell'industria ciclistica italiana: la qualità del suo catalogo era così elevata che il semplice fatto di entrare a farne parte era un segno di distinzione. L'altro ramo della ditta, consacrato allo sviluppo e alla vendita dei prodotti innovativi realizzati dallo stesso Cinelli, diede al marchio una reputazione di eccellenza che si conserva ancora oggi.

Curandosi poco della moda, Cinelli investì le sue idee anticonformiste nella produzione di telai su misura, costruendone di ogni tipo, da quelli di biciclette che vinsero medaglie olimpiche su pista al famoso modello da strada denominato «Supercorsa», che rimase un'icona per molti anni alla fine del secolo scorso ed è considerata la Jaguar E-Type dei telai di bicicletta. In associazione con la Unicanitor, Cinelli progettò la prima sella con scafo in plastica. Inventò la prima testa della forcella integrata con geometria

slope negli anni Cinquanta e l'M-71, il primo pedale a sgancio automatico, negli anni Settanta; fondò l'Associazione corridori ciclisti professionisti italiani e scrisse un manuale canonico sull'allenamento. Tuttavia, Cino Cinelli e l'azienda di cui fu a capo per tre decenni sono famosi soprattutto per i manubri e gli attacchi manubrio.

A differenza dei telai di bicicletta, la cui geometria varia di poco in base all'uso che si intende fare del mezzo, i manubri hanno un'enorme varietà e molteplicità di forme a seconda del tipo di bicicletta a cui vanno applicati. Le mountain bike hanno manubri diritti oppure *riser* che, come suggerisce il nome, si sollevano dal centro verso le estremità. I manubri delle BMX sono sagomati a U e hanno una barra di rinforzo. Le biciclette ibride o da città hanno perlopiù manubri diritti o che si incurvano all'indietro verso il guidatore e terminano con maniglie più o meno parallele al telaio. Anche alcune bici da cicloturismo hanno manubri di forma analoga che prendono il nome di «North Road». I manubri delle biciclette da pista sono caratterizzati da rampe che scendono ripide verso le parti terminali a forma di D, con un disegno che si adatta a un uso senza leve dei freni e offre maggior spazio alle braccia per quando si scatta sollevandosi sul sellino. Questo tipo di manubrio è diventato popolare di recente sulle biciclette urbane a scatto fisso o a un solo rapporto. Le biciclette da triathlon hanno delle appendici o prolunghe che avvicinano le braccia del ciclista e le proiettano in avanti, sopra la ruota anteriore, riducendo la capacità di sterzare ma migliorando l'efficienza aerodinamica.

Ma il tipo di manubrio che tutti riconoscono, quello che la maggior parte di noi disegna quando scarabocchia la sagoma di una bici, è la classica curva manubrio a D che si trova su tutte le biciclette da corsa. I vantaggi più importanti di questo tipo di manubrio sono il fatto che esso favorisce una distribuzione equilibrata del peso sulla bicicletta e che offre una varietà di punti in cui si possono appoggiare comodamente le mani. Se vi è mai capitato di pedalare per 150 chilometri in un giorno, sapete quanto è preziosa questa varietà. Potete appoggiare le mani sulla parte superiore, piatta, del manubrio e sollevare il busto per godervi il panorama; potete posarle sulle «rampe» e stare in scia al ciclista che vi precede; potete afferrare il manubrio alle estremità e affrontare di slancio gli strappi più ripidi alzandovi sulla sella; o potete infilare la mani chiuse a pugno nella parte più bassa e sprintare sulla linea d'arrivo o gettarvi a tutta velocità giù da una montagna.

Quando Cino entrò nell'azienda del fratello Giotto, nel 1948, i manubri erano fatti di acciaio e sagomati a mano, su una dima. I manubri per corse su strada avevano di solito una forma standard. Le due barre si estendevano in linea retta dal centro verso l'esterno per poi piegarsi in avanti in una curva graduale; quando erano parallele al telaio si piegavano di nuovo, ma verso il basso, formando una curva di raggio costante per circa 160 gradi prima di raddrizzarsi nel tratto finale. È una forma classica ed elegante.

Negli anni Cinquanta Cinelli cominciò a proporre curve manubrio con piccole varianti nel *drop* (la distanza tra la parte superiore del manubrio e l'appoggio inferiore), nel raggio di curvatura, nella lunghezza della rampa e nella profondità della piega. I modelli prendevano nomi da grandi corse, da ascese famose, dalle leggende dell'epoca. Negli anni Cinquanta Cinelli mise sul mercato modelli di curve manubrio chiamati «Sanremo», «Gran Fondo» e «Giro d'Italia». Negli anni Sessanta un'altra azienda italiana di componentistica, la TTT, fondata da un ex ingegnere della Ambrosio, realizzò le curve manubrio «Bobet», «Anquetil», «DeFilippis» e «Coppi». Il *drop* variava dai 145 ai 210 millimetri; la lunghezza della rampa (una misura della distanza tra la parte superiore del manubrio e l'apice della curva), dai 90 ai 125 millimetri.

I torinesi Giuseppe e Giovanni Ambrosio furono pionieri nell'uso dell'alluminio nell'industria ciclistica. La Ambrosio fu la prima, e per un certo tempo l'unica, ditta italiana a produrre manubri e attacchi in alluminio. Essendo più flessibile dell'acciaio, si pensava che l'alluminio potesse assorbire meglio le vibrazioni della strada. La prima bici di alluminio fu realizzata già nel 1935, ma la sensazione, soprattutto tra i corridori professionisti, era che questo metallo non fosse abbastanza resistente per i manubri. Oggi nel plotone permane la stessa perplessità nei confronti dei composti di carbonio: anche se negli ultimi anni l'uso delle fibre di carbonio nei componenti della bicicletta ha conosciuto una vera e propria esplosione, alcuni corridori professionisti insistono per avere manubri d'alluminio sulle loro bici.

Un brusco cedimento del manubrio, provocato dalla fatica del metallo nel caso dell'alluminio o da un'incrinatura non notata nel caso della fibra di carbonio, è una possibilità che non fa dormire i corridori la notte. Se stai pedalando piano quando il manubrio si spezza senza preavviso, finisci infilzato sull'attacco; se stai fiondandoti giù da una vetta alpina a 130 chilometri all'ora, muori. Immaginate di essere scaraventati fuori da un'automobile a quella velocità e capirete perché.

Quando nel 1963 la Cinelli si mise a produrre manubri di alluminio, l'opinione tra i corridori di punta cambiò. I manubri d'acciaio divennero rapidamente obsoleti, mentre i nuovi manubri Cinelli si diffusero a macchia d'olio. L'attacco manubrio Cinelli 1A fu presentato nel 1964 e divenne il modello di riferimento per l'industria ciclistica. Non solo aveva un design creativo ed era robusto, ma aveva anche un'estetica fantastica. Per un decennio fu difficile vedere un ciclista professionista su strada che avvolgesse le sue dita nerborute attorno a qualcosa che non fosse un manubrio Cinelli. A metà degli anni Sessanta l'azienda vendeva 7500 manubri e attacchi all'anno. Quando Cino lasciò l'attività, nel 1978, le vendite annuali erano salite a 150.000 pezzi. Ma nonostante l'aumento della produzione, la qualità rimaneva altissima: i manubri e gli attacchi Cinelli erano ambiti più di ogni altro componente di bicicletta costruito all'epoca. L'elenco di campioni famosi che hanno scelto manubri Cinelli – Lemond, Fignon, Hinault, Chiappucci, Cipollini e Armstrong – prosegue fino ai giorni nostri.

Antonio Colombo, rampollo della famosa dinastia di costruttori di tubi per biciclette, rilevò la Cinelli nel 1978, e da allora ha continuato a guidare entrambe le aziende basandosi sul design e l'innovazione. Mi è bastato guardare l'attuale catalogo della Cinelli sul sito web dell'azienda per avere la sensazione che Antonio fosse un tipo eccentrico. L'impressione mi viene confermata quando entro nella sua fabbrica alla periferia di Milano. Mi viene incontro percorrendo l'atrio a bordo di uno scooter; indossa un completo Paul Smith e scarpe da escursionismo.

«Già, già, lo scooter» mi dice dopo un saluto informale; «lo scooter è il meglio. Ha componenti lavorati con macchine CNC (a controllo numerico computerizzato). Ma costa più di una bicicletta. Naturalmente non l'ha comprato nessuno. A parte me... aha! Facciamo un giro?»

Nel 1919, in procinto di fondare la A.L. Colombo (azienda capostipite dell'attuale Columbus), il padre di Antonio, Angelo Luigi, scriveva le seguenti parole: «Sono animato di voler dedicarmi al commercio dei ferri ed acciai e ritrarne un utile equo ed onesto». Insieme alla Reynolds, la Columbus dominò il mercato dei telai d'acciaio per biciclette di prima fascia per buona parte del ventesimo secolo. Di tanto in tanto l'azienda diversificava la sua produzione realizzando tubi per motociclette, per racchette da sci, per chassis d'automobili e persino mobili in tubolari d'acciaio, ma la bicicletta da corsa rimase sempre il cuore dell'attività. Forse l'innovazione più significativa introdotta dall'azienda furono le tubazioni in acciaio Nivacrom: fu la prima lega sviluppata espressamente per costruire telai di bicicletta. Dato che questa lega perde pochissima della sua resistenza durante il processo di saldatura, i tubi in acciaio Nivacrom erano più sottili e leggeri di qualsiasi materiale utilizzato in precedenza. La bicicletta con cui ho girato il mondo era d'acciaio Nivacrom. Lo dico ad Antonio quando ci fermiamo davanti a una fila di macchinari per la trafilatura dei tubi d'acciaio. Mi lancia uno sguardo esaltato.

> Glielo dico chiaro e tondo, uno dei problemi che avevo quando facevo l'operaio, e ho cominciato a lavorare nella fabbrica di mio padre quando avevo ventidue anni, era il rumore: tubi d'acciaio che venivano trafilati, tubi d'acciaio che venivano tagliati, spostati, che cozzavano uno contro l'altro... Quando facevamo due milioni di tubi all'anno, quando in Italia c'erano centocinquanta costruttori di telai, tutto il giorno c'era rumore, rumore, rumore. E poi, cinque anni fa, il mio problema divenne il silenzio. Tutti volevano il carbonio. Oggi l'acciaio sta tornando un po' in auge, lentamente, soprattutto negli Stati Uniti. E sono felice di poter dire che anche alcuni costruttori italiani di telai cominciano a usarlo di nuovo. Un telaio d'acciaio dura per tutta la vita. D'accordo, per le competizioni c'è il carbonio, ma se vuoi un telaio da usare ogni giorno della tua vita, allora la risposta è l'acciaio. Un tempo facevamo ventimila tubi d'acciaio alla volta, adesso ne facciamo venti, ma abbiamo ripreso a farli e, come vede, i nostri operai sono contenti.

Antonio lancia un urlo oltre un banco di lavoro per richiamare l'attenzione di Emilvano, che sta sagomando a mano su una dima un reggisella in acciaio al cromo-molibdeno. Ci saluta sollevando la mano guantata.

«Non puoi costruire una buona bicicletta se hai dei dipendenti infelici».

Angelo Luigi Colombo è famoso per aver introdotto i primi foderi della forcella a sezione ellittica (invece che ovale): queste forcelle con «sezione italiana» miglioravano le caratteristiche di maneggevolezza della bicicletta e nel contempo rendevano la guida più confortevole. Conobbero una popolarità enorme.

Oggi la Columbus mette a profitto oltre mezzo secolo di innovazioni su questo componente per produrre una serie di magnifiche forcelle in carbonio, uno degli acquisti che intendo fare a Milano.

Attraversiamo la fabbrica mentre Antonio mi conduce in un'area dove si stanno testando dei tubi d'acciaio, un manubrio e alcune forcelle in carbonio. Prove di fatica, di resistenza alle sollecitazioni meccaniche, resistenza statica, frontale, laterale. Sembra che sia in corso ogni genere di test, e la cacofonia che ne risulta è di un altro mondo: tchik-a-tchik-a-tchik-a... dug-dug-dug... ding-puhh- ding-puhh- ding-puhh. Sapevo che le forcelle vengono costruite a Taiwan e che mi sarei dovuto accontentare di vederle sottoposte alle prove di fatica.

Su consiglio di Brian Rourke, sto dando la caccia a una forcella Columbus modello Carve. È una forcella monoscocca, una tecnica costruttiva in cui è la parte esterna di una struttura, invece della sua ossatura interna, a sostenere i carichi. Questa tecnologia fu sperimentata per la produzione di telai ciclistici in fibra di carbonio negli anni Ottanta e oggi è diffusissima. Il cannotto, che si innesta nel tubo di sterzo, e gli steli della forcella sono un pezzo unico fatto di strati sovrapposti di carbonio. Il modello Carve ha un disegno tradizionale («Oh, quando lo guardi t'incanta» mi aveva detto Brian), forcellini forgiati in alluminio e un *rake* di 45 millimetri.

Le caratteristiche di sterzata e la maneggevolezza di una bici sono determinate principalmente da un fattore che prende il nome di avancorsa. Se tracciate una linea immaginaria – chiamata «asse dello sterzo» – che corre lungo il centro del tubo di sterzo, essa intersecherà il piano stradale più avanti rispetto al punto in cui la ruota tocca il suolo. L'avancorsa è la distanza tra questi due punti. Un'avancorsa lunga rende la bicicletta stabile ma relativamente lenta a cambiare direzione. Un'avancorsa corta diminuisce la stabilità intrinseca ma aumenta l'agilità del mezzo. Lo stesso principio si applica alle motociclette. Le bici realizzate appositamente per correre i criterium hanno un avancorsa corto per favorire la manovrabilità. In questo caso il comfort non è un fattore di cui si tiene conto.

Il *rake* della forcella (talvolta chiamato anche «aggetto») è la distanza tra l'asse dello sterzo e il centro della ruota, e rappresenta dunque una misura dell'inclinazione in avanti della forcella. Insieme con l'angolo di sterzo e con il raggio della ruota è una delle variabili che determina la lunghezza dell'avancorsa. Con un angolo del tubo di sterzo e un raggio della ruota prefissati, un maggior *rake* della forcella dà una minore avancorsa e viceversa. Il *rake* della forcella influisce anche sul comfort: le biciclette da cicloturismo hanno generalmente un *rake* maggiore che, unito a un passo più lungo (una maggior distanza tra i mozzi delle ruote), permette di assorbire meglio le asperità della strada.

Insieme, il *rake* della forcella e l'angolo del tubo di sterzo assicurano che la ruota anteriore di una bicicletta non intralci l'azione della pedalata. Nei primi giorni della *safety bicycle*, l'angolo di inclinazione del tubo di sterzo e della forcella erano molto piccoli. E benché purtroppo la storia non celebri il nome dell'uomo che per primo ebbe l'idea di inclinare l'asse dello sterzo di una bicicletta, è probabile che quella soluzione derivasse più dalla necessità di impedire che i piedi colpissero la ruota che non da considerazioni sulla stabilità.

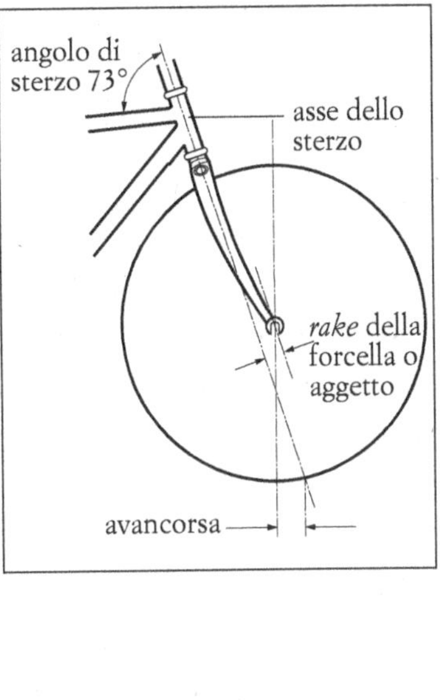

Come l'orlo dei vestiti, nell'ultimo secolo il *rake* della forcella si è allungato e accorciato più volte. Dagli anni Trenta agli anni Cinquanta del Novecento, di regola le biciclette avevano un *rake* di ben 90 millimetri (e spesso nessuna avancorsa): soprattutto a causa delle pessime condizioni delle strade, i ciclisti richiedevano biciclette con un abbondante *rake* e un passo lungo per assorbire i colpi. Il miglioramento delle condizioni stradali portò alla costruzione di biciclette con un passo più corto e pneumatici più sottili, rendendo necessario un aumento dell'avancorsa per garantire una guida sicura. Oggi le forcelle hanno meno *rake* – la media è di 45 millimetri – e in generale le biciclette sono più maneggevoli.

Antonio ha tenuto rigorosamente viva l'innovazione all'interno della Columbus e della Cinelli. La bicicletta è un «progetto infinito», ha scritto. In effetti quest'uomo personifica lo spirito di genialità che a metà del ventesimo secolo pose l'Italia – invece della Gran Bretagna – all'avanguardia nell'industria della bicicletta. Cinelli, Campagnolo, Bianchi, Pinarello, De Rosa, Columbus, Selle Italia, TTT, Ambrosio, Colnago, Magistroni, Wilier Triestina: sono questi i marchi che, sospinti dalla passione della gente per le due ruote e dal boom economico del dopoguerra, contribuirono a trasformare la bicicletta da mezzo di trasporto in oggetto estetico del desiderio.

L'industria ciclistica italiana si concentrava ossessivamente sullo sport e la velocità. Alla fine degli anni Quaranta la grande rivalità tra i due giganti delle corse ciclistiche, Gino Bartali e Fausto Coppi, appassionava l'intera nazione. Nel 1948 il ciclismo debordò persino nella politica; quando l'attentato a Palmiro Togliatti, segretario del Partito comunista italiano, rischiava di provocare una sommossa popolare, il primo ministro telefonò a Bartali durante il Tour de France e lo implorò di vincere. Una vittoria di Bartali, si pensava, avrebbe potuto allontanare la mente dei suoi compatrioti dalla rivoluzione, Puntualmente Bartali conquistò la maglia gialla e la minaccia di una sommossa sfumò.

Negli anni Cinquanta il ciclismo in Gran Bretagna era ancora pervaso di pragmatismo e di spirito bucolico. Il circuito delle corse su strada era enormemente arretrato rispetto all'Europa continentale, il che spiega in parte perché sono così pochi i ciclisti britannici che si sono distinti sulle strade del Tour de France. La bicicletta si usava per andare al lavoro durante la settimana e nei weekend per girare gli ostelli della gioventù con una tisana di tarassaco e bardana nella borraccia. Lo sport delle corse in bicicletta era ancora soffocato da regole scritte in epoca vittoriana. Consisteva soprattutto di «prove a tempo» codificate negli anni Novanta dell'Ottocento da Frederick Thomas Bidlake, un uomo con una passione per il cronometraggio: i concorrenti partivano distanziati l'uno dall'altro e correvano in solitudine, contro il tempo, su e giù per una strada statale spazzata dal vento. Più noioso del gioco delle bocce. Sul continente erano molto più popolari le competizioni con partenza in gruppo, corse in cui c'erano fughe e sprint finali, inseguimenti e cadute, sofferenza e solidarietà, tattiche e alleanze, cooperazione e competizione, vanità e onore. Queste competizioni si fondano su un codice di comportamento non scritto che vige nel plotone, un codice così complicato che nemmeno un gentiluomo inglese d'epoca vittoriana avrebbe potuto ridurlo a un manuale di regole. Come dicono i francesi quando parlano delle corse ciclistiche, *courir c'est mourir un peu.*

Bidlake, che era stato un corridore prima di assumere un ruolo centrale nell'amministrazione del ciclismo britannico, definì lo stile continentale delle corse con partenza in gruppo «un'escrescenza superflua». Forse la sua resistenza era esagerata. La verità è che in Gran Bretagna il ciclismo non ebbe mai il sostegno dell'establishment. Le corse a cronometro erano un modo per poter usare le strade per manifestazioni sportive senza attrarre troppa attenzione.

I componenti scintillanti, leggeri e innovativi, l'abbigliamento elegante e i ciclisti belli come stelle del cinema che venivano dall'Italia erano come raggi di luce abbagliante nella Gran Bretagna del dopoguerra.

Persino i colori con cui gli italiani dipingevano le loro biciclette – bianco perlaceo, giallo, rosa, quel «celeste Bianchi» che si diceva ispirato agli occhi azzurri della regina Maria José – riempivano di meraviglia le menti dei giovani inglesi perbene. I britannici pensavano che la bicicletta fosse cosa loro. Dal giorno in cui

James Starley aveva brevettato il suo biciclo Ariel nel 1870 e fino agli anni Cinquanta del Novecento fu effettivamente così (nel 1955 la produzione di biciclette nel Regno Unito assommò a tre milioni e mezzo di esemplari). Ma è impossibile rimanere per sempre i padroni del mezzo di trasporto più popolare della storia e con il rapido aumento delle automobili private alla fine degli anni Cinquanta, la percezione culturale della bicicletta in Gran Bretagna stava cambiando. Non era più soprattutto un mezzo di trasporto. Si apriva lo spazio per attribuirle nuovi significati: poteva essere un giocattolo, com'era prevalentemente in America, oppure un oggetto del desiderio, com'era tra gli appassionati delle corse sul continente.

«Perché non entrambe le cose?» mi dice Antonio quando gliene parlo. «Lei avrà delle biciclette che usa e delle biciclette che appende alle pareti di casa come opere d'arte, no? Eric Clapton le ha».

Siamo arrivati in fondo alla fabbrica. In un'officina dei meccanici stanno assemblando alcune biciclette Cinelli, pronte a essere imballate e spedite in tutto il mondo. Antonio comincia a staccare telai dai ganci che si trovano sopra la sua testa e a prendere componenti dai banchi di lavoro: un telaio da pista «Vigorelli» («Prende il nome dal grande velodromo milanese, 'l'ellisse magica'... oggi ne vendiamo un sacco» mi dice Antonio); un set di «Spinaci», prolunghe del manubrio per bici da corsa («Gli spinaci danno forza, giusto? Ne vendevamo 500.000 all'anno prima che l'UCI cambiasse i regolamenti e vietasse le prolunghe»); una borraccia per l'acqua che profuma di menta («Meglio dell'odore della plastica, vero?»). Ci sono modelli di telaio che hanno nomi di chitarre elettriche e componenti che hanno nomi di gruppi rock. Riesco a cogliere la passione di Antonio per la bicicletta in tutti questi dettagli.

Il massimo dell'animazione la raggiunge quando si parla del mondo delle bici a scatto fisso per uso urbano: «Ha avuto inizio nei garage. Questo è importante» mi dice.

> Non è una moda. È un'attitudine. Non c'è mai stata una tale quantità di giovani interessati a studiare il patrimonio storico del ciclismo per giocare con la bicicletta. Conoscono la storia di un particolare telaista o magari dello sviluppo di un componente. Si rendono conto che l'automobile è sorpassata e hanno associato la bicicletta alla vita reale. Ci mettono dentro la loro personalità. E utilizzano prodotti di alta qualità. Dobbiamo essere grati ai *bike messengers*. Sono stati i primi a vivere in bicicletta e a creare un veicolo semplice, efficiente, durevole. Questo sta costringendo le aziende produttrici a fare biciclette sempre migliori. Il movimento dello scatto fisso è collegato alla rinascita della bicicletta, sicuro.

Adesso Antonio è un fiume in piena. Comincia a saltare da un'idea all'altra. Riesce a unire in un unico discorso John Lennon, l'architettura razionalista, i tatuaggi, il movimento anarchico Provo nell'Amsterdam degli anni Sessanta, i dischi bootleg e Le Corbusier. Arrivasse la rivoluzione, mi viene da pensare, sarebbe sulle barricate. «Sa qual è la parola che la maggior parte della gente collega a 'libertà' nei giochi di associazione di parole o roba simile?» conclude. «Bicicletta».

Gironzolando per l'officina raggiungiamo un banco di lavoro su cui sono posati una dozzina di manubri e attacchi. Ci sono semplici manubri in alluminio attorno a cui Eddy Merckx sarebbe stato felice di stringere le mani possenti durante la sua leggendaria ascesa del Col du Tourmalet nel 1969; e ci sono futuristici manubri in carbonio con attacco integrato che avrebbero potuto venire dalla cabina di pilotaggio dell'X-wing, il caccia stellare di Luke Skywalker.

«È stata la Cinelli a introdurre il manubrio con attacco integrato. Per tre anni l'abbiamo costruito soltanto noi. Prima del carbonio tutti i manubri avevano una sezione circolare. Con l'alluminio dovevamo rispettare il raggio e tutte le innovazioni erano nella forma della piega. Oggi la grande innovazione è nella parte piatta del manubrio. E così la sua ergonomia è cambiata drasticamente, perché il carbonio si può modellare» mi spiega Antonio. Tiene in mano un manubrio Ram non integrato. Gli anelli che porta alle dita producono un rumore sordo contro il carbonio mentre fa scorrere le mani sulla larga superficie piatta della parte superiore del manubrio. C'è lo spazio per tenerci in equilibrio un bicchiere di gin tonic, suggerisco.

«Perché no?» dice. «Qui c'è il posto per un cocktail, qui le dita si chiudono in modo naturale attorno al manubrio... il pollice va qui... quando ci si appoggia sui comandi questo dito va qui, e in questo punto trova posto il palmo della mano. Se si rimane in bicicletta tutto il giorno è molto comodo. Lo tocchi, lo senta».

Pesa come una stilografica. Dà una sensazione di lusso costoso. In qualche modo dà anche una sensazione istintiva di comfort. Nel corso degli anni ho sofferto di intorpidimento alle mani. È un disturbo comune tra i ciclisti (spesso se ne parla come della «paralisi del ciclista»), che si manifesta nel peggiore dei modi nel fuoristrada, sulle discese lunghe. La prima volta che portai una mountain bike in Pakistan, scesi dal Passo Shandur (3800 metri) lungo una pista sconnessa e sassosa usata dalle jeep, su una bici con forcelle anteriori rigide. La discesa iniziale dall'altopiano precipita di 1500 metri in dodici chilometri. Prima le mani mi si intorpidirono – una cosa a cui ero abituato – ma i campanelli d'allarme iniziarono a suonare quando mi resi conto che non sentivo niente dal gomito in giù, e che non riuscivo a tirare i freni per fermarmi. Quando alzai una mano per scuoterla e riattivare la circolazione, caddi dalla bicicletta. La mattina dopo stavo ancora estraendo brecciolino dalle ginocchia e dai gomiti.

È sufficiente una tranquilla pedalata per le contee inglesi per anestetizzarmi le mani. Ho provato ad alzare il manubrio, ad abbassare la sella, a spostare la sella avanti e indietro, a non stringere il manubrio con troppa forza, a stringere il manubrio con più forza, a ridurre la pressione delle gomme, ho provato quasi tutti i tipi di guanti con imbottitura in gel, manopole più spesse, nastri coprimanubrio in sughero, nastri coprimanubrio in gel, ho provato lo yoga per rinforzare i muscoli lombari. Ho persino smesso di fumare. Ma ancora oggi, se sto tutto il giorno seduto in bicicletta (qualsiasi tipo di bicicletta: da corsa, da città, o una mountain bike) prima o poi le mani perderanno sensibilità, spesso per un certo tempo, e capita che di notte mi svegli con una fastidiosa pulsazione nelle dita.

Una volta un dottore incontrato per caso durante una pedalata mi disse che era la sindrome del tunnel carpale, il nome con cui i medici chiamano la compressione del nervo mediano nel polso. Forse. Il nervo mediano, che controlla le funzioni motorie e sensoriali di gran parte della mano, passa proprio nel mezzo della base del palmo, una parte del corpo che quando si va in bicicletta è spesso, se non sempre, sotto pressione.

Senza dubbio una bici costruita su misura contribuisce a migliorare la situazione. Brian Rourke era convinto che sul mio nuovo destriero il problema delle mani intorpidite si sarebbe ridotto. E con il manubrio Ram in mano, sono sicuro di aver trovato un altro tassello della soluzione.

«Ha mani piccole» mi dice Antonio prendendomi il polso. «Perciò questo manubrio è adatto a lei. Vede il raggio della piega... rotondo ma con una profondità molto ridotta. Lo chiamiamo Varied Radius Concept. Offre più posizioni ma – questo è fondamentale – rende anche più facile raggiungere le leve dei freni. Dieci anni fa tutti i manubri divennero anatomici – sa, con una zona piatta nella piega – ma questo ti costringe a stare in una posizione solamente. Poi i corridori la vollero di nuovo rotonda».

Anche Brian Rourke me ne aveva parlato. Io volevo sicuramente un manubrio con una piega tradizionale, continua, e un raggio poco profondo. Visti di lato, questi manubri avevano un'estetica superiore. Riuscire a raggiungere le leve dei freni sarebbe stato un sovrappiù. Non era nelle mie intenzioni acquistare un costoso manubrio di lusso in fibra di carbonio. Ero venuto a Milano per conoscere Antonio e visitare la sede della Cinelli. Avevo immaginato di andarmene via con un umile manubrio in alluminio, qualcosa che avrebbe potuto disegnare lo stesso Cino. Con il manubrio di carbonio tra le mani esito. È delizioso da toccare. Sì, esiste la misura giusta di questo modello per la larghezza delle mie spalle: 42 centimetri. E, toh guarda, ecco un magnifico attacco da 120 millimetri; di nuovo la mia misura.

Naturalmente Cino Cinelli accoglierebbe con entusiasmo il carbonio se fosse ancora vivo e applicasse la sua mente curiosa alla bicicletta oggi. E se non altro la piega poco profonda del manubrio Ram è molto simile a quella del modello «Giro d'Italia» che egli rese popolare a metà degli anni Sessanta, anche se Cino sarebbe svenuto alla vista del vassoio per i drink.

CAMPAGNOLO

R11

3. Movimenti concatenati

Gli organi di trasmissione

«E tic, tic, tic, la bicicletta ticchettò via».
Seamus Heaney, *A Constable Calls**

Con i suoi 4733 metri, il Khunjerab è uno dei passi stradali asfaltati più alti del mondo. È anche il punto più desolato della strada del Karakorum, che unisce la valle dell'Indo in Pakistan con il deserto del Taklamakan nella regione autonoma dello Xinjiang, in Cina. Due volte l'ho affrontato in bicicletta. La seconda volta mi ci è voluta una settimana per raggiungerlo partendo da Gilgit, l'antica stazione di posta sulla Via della Seta, in fondo alla valle dell'Hunza: sette giorni passati a pedalare in salita. Lungo il percorso non mancavano certo momenti di ispirazione: i bambini che correvano in strada strillando, la generosità senza limiti dei musulmani ismailiti che vivono nella valle dell'Hunza, le uova in salsa di curry e la pasta in brodo servite nelle piazzole di sosta per i camion e l'abbagliante bellezza delle montagne. Ma bisogna fare

* In Seamus Heaney, *North*, ed. it. a cura di Roberto Mussapi, Mondadori, Milano 1998. [*n.d.t.*]

appello a tutta la propria forza fisica e mentale per raggiungere il Passo Khunjerab in bicicletta.

Superata la cittadina di Sust, con la dogana e l'ufficio d'immigrazione, ci sono 210 chilometri di terra di nessuno prima di raggiungere il posto di frontiera cinese. Gli ultimi 17 chilometri che precedono il passo sono i più ripidi. Sono semplicemente infernali. Affrontai quel tratto di strada un freddo giorno di settembre. Con il rapporto più agile, in piedi sui pedali per tre ore, costringevo la mia bicicletta carica di bagagli ad avanzare, metro dopo metro, cavando dalle mie gambe ogni stilla di energia residua.

A mezzogiorno raggiunsi il passo, uno spiazzo asfaltato e contornato dalla neve. Ero euforico. Fu un momento di grande importanza per me: il punto più alto del mio giro del mondo in bicicletta. Me ne stavo lì da solo, avvolto in tutti gli indumenti che avevo, a mangiare more di gelso essiccate e a scattare fotografie. Poco prima della vetta avevo superato un pastore tagiko con la sua mandria di yak. A parte quello, non avevo visto un veicolo o un essere umano in tutta la mattina. Mentre rimettevo i bagagli sulla bici, gettai un'occhiata oltre il bordo del passo. Stavo seguendo con lo sguardo la strada che scende serpeggiando a valle, tra file di cime innevate del Pamir, quando vidi una bicicletta che saliva verso di me. Ero sbalordito. Mezz'ora dopo, una coppia su un tandem reclinato raggiunse il passo. Leslie, la giovane scozzese che stava davanti, era paraplegica: un incidente di montagna l'aveva lasciata paralizzata dalla vita in giù. Girava le pedivelle del tandem con le mani. Aveva freddo e quasi non parlava per la fatica. Non si trattennero. Scattai la foto di rito e ripartirono. Ero di nuovo solo tra le vette imbiancate. Adesso mi sembravano un po' più piccole.

Dal punto di vista fisico siamo ancora cacciatori-raccoglitori dell'età della pietra. Ammetto che l'attuale era dell'obesità sta erodendo una verità che per cinquemila anni non è mai stata in discussione, ma per la maggior parte del genere umano il 40 per cento del peso corporeo si trova ancora negli arti inferiori. È parecchio per una specie che non deve più scorrazzare nella tundra per procurarsi il pranzo. Questo spiega perché il culto dell'esercizio fisico prese piede quando il lavoro manuale cominciò a declinare nel mondo occidentale. Spiega anche perché oggi è una buona idea investire in una palestra in Cina. E spiega, almeno in parte, perché la bicicletta è il mezzo di trasporto a propulsione umana più efficiente che sia mai stato ideato.

Caso quasi unico tra i veicoli a propulsione umana, la bicicletta sfrutta i nostri muscoli più grandi, i muscoli delle gambe, in modo pressoché ottimale. Oggi gli organi di trasmissione di una normale bicicletta – la manciata di componenti che trasferiscono il lavoro muscolare di un ciclista alla ruota posteriore – comprendono le moltipliche, il movimento centrale, le pedivelle, il meccanismo di ruota libera con i pignoni, i pedali e la catena. È un motore ad alta efficienza. Ed è il dispositivo che fa girare le ruote di una bicicletta. Che fa girare il mio mondo. Qualcuno ha sostenuto che grazie alla prima bicicletta equipaggiata con un sistema di trasmissione moderno si raggiunse la magnifica vetta di quella ricerca di efficienza degli utensili che aveva avuto inizio nella preistoria.

Allora, l'adozione di utensili ci aveva permesso per la prima volta di prendere un vantaggio consistente sul regno animale. Ma poi non fummo capaci di massimizzare l'uso della nostra potenza muscolare – la principale fonte energetica a nostra disposizione fino alla rivoluzione industriale – per un periodo che si protrasse in maniera preoccupante. Remare (su qualsiasi imbarcazione, da una barchetta di vimini a una galea), arare, segare, scavare, spaccare legna, spalare, pompare, sollevare: sono tutte attività svolte con utensili che richiedevano un utilizzo predominante dei muscoli della mano, del braccio e della schiena. I princìpi di funzionamento della manovella sono noti e vengono usati da millenni (nelle pompe, nei meccanismi elevatori e persino nei torni), ma era come se la possibilità di azionare quegli strumenti con le gambe fosse invisibile ai nostri occhi. Quasi tutte le macchine a manovella erano azionate a mano. Persino uno dei primi sottomarini al mondo, un natante in ghisa lungo 15 metri che fu utilizzato dall'esercito confederato durante la guerra civile americana, era azionato da un equipaggio di sette uomini che con un verricello facevano ruotare l'albero dell'elica, a mano.

Il primo sistema di trasmissione che venne installato su un prototipo di bicicletta era, come prevedibile, azionato a mano. Nel 1821 Lewis Gompertz, un carrozzaio del Surrey, costruì una draisina con un sistema elementare di trasmissione che era inserito nel piantone dello sterzo. Un meccanismo dentato fissato in fondo al piantone si innestava su un pignone montato sul mozzo anteriore. Quando il guidatore tirava il manubrio verso di sé, il piantone azionava la ruota (per modo di dire). Più o meno in quegli anni un meccanico londinese progettò il «trivector», un biciclo che trasportava tre persone, tutte impegnate ad azionare il veicolo a mano, mentre uno dei tre utilizzava anche i piedi per sterzare. E un tal Gaetano Brianza di Milano costruì un triciclo che battezzò «velocimano», anch'esso spinto da leve azionate con le braccia.

A metà del diciannovesimo secolo l'elenco delle menti europee che avevano tentato invano di progettare un meccanismo di grado di trasmettere efficacemente il lavoro del conducente alla ruota motrice di un veicolo era ormai di una lunghezza imbarazzante: comprendeva tra gli altri il famoso ingegnere inglese Isambard Kingdom Brunel, Michael Faraday e Joseph Nicéphore Niépce, il pioniere della fotografia. Eppure, nessuno si rendeva ancora conto del fatto che le nostre gambe sono più forti delle nostre braccia. I tanti tentativi di costruire velocipedi a manovelle avrebbero portato, molto tempo dopo, Leslie in cima al Passo Khunjerab; un'impresa meravigliosa. Per il resto dell'umanità, fu un impasse tecnologico che va al di là di ogni immaginazione.

Il grande balzo in avanti avvenne quando finalmente qualcuno attaccò pedivelle e pedali rotanti al mozzo della ruota anteriore di una draisina e inventò il velocipede. Chi sia stato il primo a farlo è tema di un grande dibattito tra gli storici della bicicletta. Quasi certamente fu un francese attorno al 1865. I candidati sono il fabbro parigino Pierre Michaux; Pierre Lallement, un giovane meccanico di Nancy che emigrò in America e laggiù brevettò l'idea nel 1866; e i fratelli Olivier, Marius, Aimé e René, figli di un industriale di Lione che avevano investito i loro soldi nell'azienda di Michaux. Lo storico David Herlihy ritiene che ognuno di loro ebbe un ruolo nell'invenzione. Chiunque sia stato, l'umanità gli deve riconoscenza. Fu una svolta, e non solo per la bicicletta: apriva la strada all'ottimizzazione dell'uso della potenza muscolare in ogni macchina a propulsione umana.

L'aggiunta delle pedivelle e dei pedali portò al primo boom internazionale della bicicletta. Nel 1868 il velocipede si diffuse rapidamente da Parigi a tutta la Francia, poi al Belgio, ai Paesi Bassi, all'Italia, alla Germania, agli Stati Uniti e alla Gran Bretagna. I veicoli erano fatti di ferro battuto e legno. Erano difficili da manovrare, pesanti, inefficienti, costosi ed estremamente scomodi, tanto che divennero popolari con il nomignolo di *boneshakers*, «scuotiossa». Ma almeno facevano uso degli arti giusti.

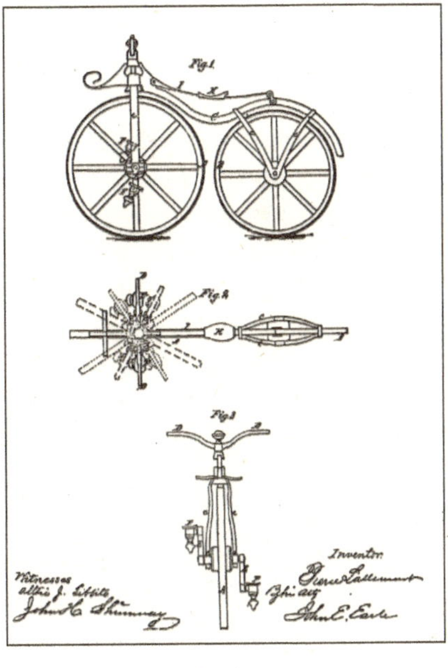

Dal punto di vista fisiologico, la resa dei nostri muscoli è massima quando essi operano in modo ciclico rilassandosi per un periodo sei volte più lungo di quello in cui lavorano. Ha a che fare con l'irrorazione sanguigna. Agendo sulle pedivelle e sui pedali di una normale bicicletta, le nostre gambe spingono solo per una piccola parte di ogni rotazione: 60 gradi circa. Per i restanti 300 gradi i muscoli principali della gamba – quadricipite e muscoli posteriori della coscia – sono a riposo e in grado di essere irrorati di sangue, che li rifornisce di nuova energia.

Perciò l'azione della pedalata si accorda quasi alla perfezione con il rapporto ottimale tra ristoro e lavoro muscolare. Questo è il motivo fondamentale per cui la bicicletta è un veicolo a propulsione umana così efficiente. Ovviamente Michaux, Lallement e i fratelli Olivier non sapevano nulla di tutto questo. Il fatto che i biologi l'abbiano scoperto molto tempo dopo che la bicicletta era divenuta popolare è un puro caso.

Nel 1869, durante i giorni inebrianti della velocipedemania, nel ricco sobborgo parigino di Saint-Cloud si tenne la prima corsa ciclistica del mondo. La conseguenza fu che da quel momento la gente volle che il veicolo andasse più veloce. Un inconveniente del velocipede era la presenza di un unico rapporto «corto». Con un rapporto corto è facile far ruotare i pedali della bicicletta, ma è necessario farli mulinare per raggiungere una buona andatura. Con un rapporto lungo far ruotare i pedali richiede una forza maggiore, ma non è necessario pedalare rapidamente per far correre veloce la bicicletta.

La «trazione diretta» dei velocipedi significava che la ruota anteriore compiva un giro per ogni rotazione completa dei pedali. L'espediente ovvio per ottenere un rapporto più lungo era aumentare il diametro della ruota anteriore. Per tutti gli anni Settanta dell'Ottocento le dimensioni della ruota anteriore continuarono a crescere: il limite era in effetti la lunghezza della gamba del ciclista. Le biciclette prodotte in maggiori quantità, rese popolari da ciclisti professionisti che ormai si stavano avvicinando ai 50 chilometri orari, avevano ruote anteriori con un diametro di un metro e mezzo: la circonferenza della ruota, ovvero la distanza percorsa a ogni rotazione dei pedali, era dunque di 4,7 metri. Era una soluzione semplice ma efficace che rispondeva al desiderio di aumentare la velocità del veicolo. Inoltre, un rapporto di trasmissione più lungo aumentava la «coppia» del velocipede, ovvero il rapporto tra la potenza sprigionata dal ciclista e la velocità del mezzo. Il problema era che questi veicoli con una grande ruota anteriore erano difficili e pericolosi da condurre. Quanto più la ruota anteriore cresceva, tanto più il veicolo si allontanava dalla visione originaria di Drais di un cavallo meccanico: un mezzo di trasporto democratico e funzionale.

I meccanici del mondo industrializzato ne erano consapevoli. Negli anni Settanta la ricerca di una trasmissione efficiente si intensificò: furono provati meccanismi a leva, a leva girevole, con ruote di arpionismo, a catena motrice anteriore. Senza successo. Ciò che si voleva ottenere era un sistema che permettesse una frequenza di pedalata adatta alla capacità umana di produrre potenza e che desse la possibilità di trasmettere quella potenza dai piedi alla ruota motrice con il minor dispendio energetico possibile; tutto questo su una bicicletta che fosse pratica da guidare. In Gran Bretagna, grazie a periodici popolari come *Mechanical Magazine* e *English Mechanic* ci fu un grande interscambio di idee sull'argomento. Alla fine del decennio si era ormai compreso che l'adozione di un meccanismo che, tramite una *catena*, collegasse i pedali alla ruota posteriore della bicicletta invece che a quella anteriore (cosa che intralciava lo sterzo e impediva lo sviluppo di un sistema di ingranaggi) era auspicabile, se non indispensabile.

Con una trasmissione a catena sulla ruota posteriore, si poteva allungare il rapporto accoppiando una ruota dentata anteriore di dimensioni maggiori (la corona o moltiplica) con una molto più piccola sul mozzo posteriore (il pignone), in modo da «moltiplicare» le rotazioni dei pedali. Ciò dava l'opportunità di costruire veicoli con le due ruote di dimensioni uguali e ridotte che garantivano una guida più sicura. In seguito, questo sistema di trasmissione permise lo sviluppo dei rapporti di trasmissione variabili, che rendevano la pedalata efficiente in condizioni differenti, e della «ruota libera», un meccanismo d'innesto unidirezionale che permetteva alla ruota posteriore di procedere per inerzia, sganciata dal movimento dei pedali. L'ingegnere H.J. Lawson brevettò il primo veicolo con trasmissione a catena sulla ruota

posteriore nel 1879; adesso il problema era la qualità delle catene.

La soluzione fu la catena d'acciaio a rulli, inventata e brevettata da Hans Renold nel 1880. Renold, un ingegnere svizzero immigrato a Manchester, aveva comprato una piccola azienda che produceva rudimentali catene per macchinari tessili nel 1879. L'azienda – oggi divenuta una multinazionale che opera in diciannove paesi – porta ancora il suo nome. La produzione di catene per uso industriale rimane la sua attività principale.

La catena a rulli di Renold era fatta da due tipi di maglie alternate: le piastre delle maglie interne erano unite da due bussole sopra cui scorrevano i rulli; mentre le piastre delle maglie esterne erano tenute insieme da due perni che passavano attraverso le bussole delle maglie interne. Grazie a questo sistema, l'innesto della catena sui denti della corona e dei pignoni risultava molto più fluido, con la conseguenza di ridurre enormemente l'usura e aumentare altrettanto enormemente l'efficienza della trasmissione. Insomma, con l'invenzione della catena a rulli si era trovato il metodo più efficiente per trasmettere energia meccanica.

Nella prima metà del ventesimo secolo praticamente ogni forma di trasporto dipendeva dall'uso di catene a rulli. A centotrent'anni dalla sua invenzione l'idea della catena a rulli resta fondamentale non solo per la bicicletta ma anche per i meccanismi di trasmissione di macchinari utilizzati in una pletora di

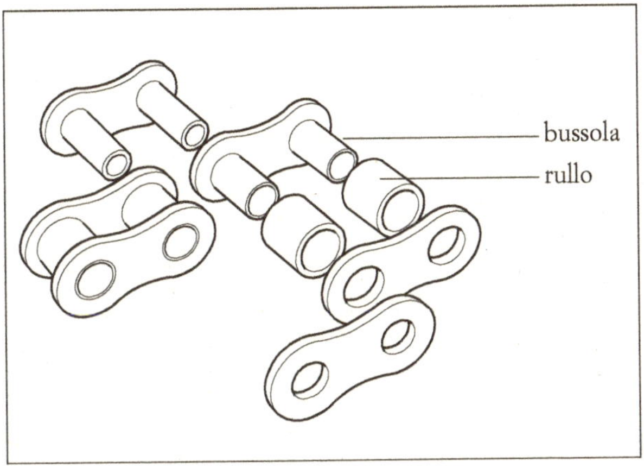

attività industriali in tutto il mondo. L'elogio pubblicato dall'Institute of Mechanical Engineers nel 1943 in onore di Renold, scomparso quell'anno, si concludeva con le seguenti parole: «In qualsiasi attività industriale o opera pubblica è difficile trovare una fase in cui la catena non dia un contributo oscuro ma vitale al nostro benessere». *Chapeau*, Hans.

Oltre a essere il padre dell'industria delle catene, e uno dei padri della bicicletta, nella sua attività imprenditoriale Renold fu un filantropo. Nel 1895 aprì una mensa operaia nella sua fabbrica di Manchester per sopperire alla scarsa dieta dei suoi dipendenti. Nel 1896 introdusse la settimana lavorativa di 48 ore (in precedenza era di 52 ore) senza ridurre i salari. Accolse con favore l'avvento dei delegati di fabbrica, offrì quote azionarie ai suoi dipendenti, introdusse la compartecipazione agli utili e fondò la Hans Renold Social Union. Soprattutto, portò sempre rispetto per un bravo operaio. Suo figlio dichiarò: «Tutta la sua vita fu caratterizzata dalla passione per il lavoro ben fatto [...] il successo commerciale era un interesse assolutamente secondario [...]. Di lui si sarebbe potuto scrivere: 'Tutto ciò che la tua mano trova da fare, fallo con tutte le tue forze'».

James Starley, il pioniere dell'industria della bicicletta (ne parleremo più diffusamente nel prossimo capitolo) che nel 1877 si lamentava di doversi costruire tutte le catene da sé, riconobbe immediatamente i benefici del sistema di bussole e rulli inventato da Renold per ridurre l'attrito. Senza indugi commissionò a Renold la produzione di catene per i pionieristici tricicli a cui stava lavorando. Starley morì improvvisamente nel 1881 ma il suo nipote e pupillo John Kemp Starley continuò a lavorare sull'idea di una macchina a due ruote con trazione a catena. Nel 1886, cominciò a produrre la Rover Safety, la prima bicicletta con catena di trasmissione sulla ruota posteriore; come altre innovazioni introdotte sulla bicicletta alla fine del diciannovesimo secolo, la trasmissione posteriore a catena ha avuto una longevità straordinaria. Rappresentava la differenza più significativa tra la *safety bicycle* e tutte le biciclette che l'avevano preceduta. Quasi tutte le biciclette fabbricate da allora hanno montato una catena a rullo, la cui scoperta pose fine alla ricerca di una forma di trasmissione a catena efficace e fu fondamentale per rendere la bicicletta popolare.

La trasmissione a catena fu una delle numerose innovazioni tecnologiche che, dopo essere state introdotte con successo sulla bicicletta, all'alba del nuovo secolo furono copiate dalla nascente industria automobilistica. L'elenco comprende i raggi in metallo delle ruote, i copertoni pneumatici, i cuscinetti a sfera, le tubazioni in acciaio e gli ingranaggi differenziali. Insieme, queste innovazioni garantirono che la ricerca di un'automobile dai costi accessibili fosse un traguardo realistico fin dal suo inizio. Molti pionieri dell'industria automobilistica erano ex meccanici di biciclette: Henry Ford, Charles e Frank Duryea, William Hillman, William Knudsen e molti altri si fecero le ossa fabbricando telai, centrando ruote e assemblando biciclette. Le aziende produttrici di biciclette che attorno al 1900 si convertirono in case automobilistiche comprendevano la Bianchi, la Singer, la Peugeot, la Opel, la Morris, la Rover, la Hillman, la Humber, la Winton e la Willys.

La domanda di *safety bicycles* negli anni Novanta dell'Ottocento non aveva precedenti nella storia dell'industria manifatturiera. Le aziende ciclistiche furono costrette ad adattarsi rapidamente al processo di meccanizzazione e di produzione di massa per soddisfare le richieste, e il modello industriale che ne derivò è un altro lascito della bicicletta. La Ford e la General Motors adottarono il modello di produzione di massa che era stato introdotto dalla Columbia Bicycles negli Stati Uniti, dalla Bianchi in Italia e dalla Raleigh in Gran Bretagna. La Ford si appropriò dello stile di gestione che prendeva il nome di «integrazione verticale». Anche le tecniche della catena di montaggio e di una pubblicità aggressiva (il boom della bicicletta, che coincise con l'«epoca d'oro dell'illustrazione», vide i fabbricanti di biciclette impadronirsi di una quota della pubblicità su carta che negli Stati Uniti arrivò al 10 per cento del totale) furono mutuate dall'industria ciclistica. L'industria dell'automobile prese le redini delle campagne per il miglioramento delle strade direttamente dalle mani dei fabbricanti di biciclette. E fu sempre l'industria ciclistica a inaugurare la produzione di nuovi modelli ogni anno e l'«obsolescenza programmata», anche se da allora la colpa di aver introdotto questa seconda pratica viene attribuita alla General Motors. Le centinaia di officine di riparazione per biciclette sparse negli Stati Uniti funsero da base per la successiva rete di stazioni di servizio per mezzi motorizzati.

Oltretutto la bicicletta ispirò in molte persone l'idea di viaggiare su lunghe distanze con mezzi propri. I due fratelli che si lasciarono trasportare più lontano da quell'idea furono Wilbur e Orville Wright, «i santi patroni dei meccanici di biciclette». La

Wright Cycle Company era il negozio di Dayton, in Ohio, in cui Wilbur e Orville producevano, riparavano e vendevano biciclette. I fratelli Wright utilizzarono le nozioni apprese studiando l'equilibrio nella guida della bicicletta per formulare ipotesi sul possibile comportamento di una macchina volante. Montarono sezioni d'ala su una bicicletta per compiere prove comparate di portanza e resistenza aerodinamica. Usarono pignoni e catene di bicicletta per azionare le eliche. I ricavi della loro impresa di cicloriparazioni permisero di finanziare interamente le attività di ricerca, sviluppo, costruzione e collaudo che portarono alla realizzazione del «Wright Flyer», il primo velivolo a motore al mondo.

«In questa azienda si percepisce l'impegno a prevedere il futuro, ma si percepisce anche, in ogni momento, la storia» mi dice Lorenzo Taxis, direttore del marketing della Campagnolo. Siamo seduti nella sala riunioni che si trova sopra la fabbrica, a Vicenza. Per molte settimane ho cercato di convincere l'ufficio stampa dell'azienda a farmi visitare la fabbrica. Per molte settimane mi è stato detto di no. Tutto quello che mi è stato concesso è un'intervista.

La storia della Campagnolo è ben nota: fa parte della tradizione culturale del ciclismo su strada. Il fondatore dell'azienda, Tullio Campagnolo, era un buon ciclista dilettante. Un gelido giorno d'inverno Tullio partecipò al Gran premio della Vittoria. Probabilmente la gara si tenne l'11 novembre 1927, festa di San Martino, ma i biografi non concordano sulla data. Quel che è certo e che faceva un freddo terribile. Sulla salita che porta al Passo Croce d'Aune, nelle Dolomiti venete, Tullio era in testa alla corsa. A quell'epoca le biciclette non avevano ancora deragliatori o cambi di velocità, quei dispositivi che oggi sono montati su quasi tutte le due ruote e permettono di cambiare rapporto spostando la catena da un pignone all'altro o da una moltiplica all'altra.

La bici di Tullio aveva due rapporti. Come si usava a quel tempo, su ciascuno dei due lati del mozzo posteriore era fissato un pignone: su un lato, un pignone a scatto fisso forniva un rapporto lungo per pedalare in pianura, mentre il pignone posto sull'altro lato del mozzo, accoppiato a un meccanismo di ruota libera, forniva un rapporto corto per le salite. Per cambiare rapporto bisognava togliere la ruota posteriore e capovolgerla. Per prima cosa andavano allentati i dadi ad alette che fissavano la ruota ai forcellini.

Nella neve e nel ghiaccio che flagellavano la montagna, mentre con le dita intorpidite dal gelo Tullio lottava per allentare i pesanti dadi e capovolgere la ruota, una lunga fila di avversari lo superò di slancio, e si possono immaginare gli sberleffi che gli riservavano tra un fiato gelato e l'altro. Al termine della corsa si dice che Tullio abbia esclamato: «Bisogna cambiar qualcossa de drio». Diceva sul serio.

L'8 febbraio 1930 Tullio Campagnolo brevettò il sistema di bloccaggio rapido per mozzi: un perno in acciaio che passa all'interno dell'asse cavo del mozzo e ha un dado a un'estremità e una leva fissata a un eccentrico per stringerlo all'altra estremità. Era un sistema semplice e geniale che funzionava in ogni condizione. Invece di dover svitare dei dadi, per rimuovere la ruota bastava sollevare una levetta. Il meccanismo è rimasto sostanzialmente immutato per ottant'anni. Oggi il bloccaggio rapido è il sistema standard per fissare le ruote su quasi tutte le biciclette prodotte. Ogni giorno, decine di migliaia di ciclisti in tutto il pianeta capovolgono le loro bici per rimuovere una ruota (perché devono riparare una foratura o infilare la bici nel baule di un'auto). Con le dita sulla leva del bloccaggio rapido, onorano in silenzio la memoria di quel guru della creatività che fu Tullio Campagnolo.

Il bloccaggio rapido per mozzi fu il primo di qualcosa come 135 brevetti che questo grand'uomo depositò. Ottant'anni dopo, lo spirito dell'innovazione è ancora forte nell'azienda da lui fondata; è per questo che oggi rimango confinato nella sala riunioni della Campagnolo.

«Possediamo molti brevetti. Ogni giorno lavoriamo su nuovi prodotti» mi spiega Lorenzo. «C'è tantissima tecnologia nella bicicletta da corsa su strada e una certa invidia per ciò che fa la Campagnolo. Questo ci costringe a tenere il nostro know-how all'interno di queste mura. Siamo un'azienda privata e il signor Valentino Campagnolo non permette ai media di penetrare i segreti della sua società».

Avevo letto che durante il boom dell'ultimo decennio dell'Ottocento Albert Pope, titolare della Columbia Bicycles, all'epoca una delle più grandi aziende di biciclette al mondo, non permetteva a nessun giornalista di varcare la soglia della sua fabbrica di Hartford, nel Connecticut, per lo stesso motivo. Ne accenno a Lorenzo.

«Già» commenta. «E se ti rivolgi alla Ducati o alla Ferrari, ti senti dire la stessa cosa».

> Da un certo punto di vista, per noi è un problema di marketing. Un'azienda come la Campagnolo dovrebbe sfruttare la tecnologia che crea per pubblicizzare il proprio marchio, permettendo ai clienti di vedere come vengono realizzati i prodotti che accendono il loro entusiasmo. Ma non possiamo farlo. Per noi è più importante l'innovazione: fa parte del DNA dell'azienda. Ne ha sempre fatto parte. Oggi l'innovazione è nel selettore elettronico di velocità, nella tecnologia dei cuscinetti, nell'affinazione della fibra di carbonio per ridurre il peso della nostra componentistica. Dobbiamo innovare... per restare in vita.

Per i primi trent'anni del ventesimo secolo il mondo delle corse ebbe un impatto molto limitato sull'evoluzione della bicicletta. È un'anomalia curiosa: nell'ultimo decennio dell'Ottocento e dagli anni Quaranta del secolo scorso fino a oggi il legame tra lo sviluppo tecnologico della bicicletta e lo sport è stato strettissimo grazie al collaudo e alla commercializzazione dei nuovi prodotti. I miglioramenti introdotti tra il 1900 e il 1930 – i tubi a spessore variabile, i componenti in alluminio, i primi deragliatori – provenivano dal mite mondo del cicloturismo. Al contrario, lo sport agonistico tendeva a frenare l'evoluzione del veicolo. Nell'ambiente delle corse si rifiutava ogni novità che avrebbe potuto intaccare la purezza dello sport della bicicletta. L'idea era fare in modo che il valore dell'uomo prevalesse sul vantaggio tecnologico.

Henri Desgrange, direttore di un quotidiano sportivo francese, concepì l'idea del Tour de France per superare le vendite di un foglio concorrente. Desgrange voleva storie di machismo su montagne proibitive, di avversità in condizioni climatiche estreme, storie di eroismo e sacrificio. I gadget tecnologici non gli interessavano. «Il cambio di velocità è per persone oltre i quarantacinque anni» scrisse sul suo giornale. «Non è meglio trionfare con la forza dei propri muscoli piuttosto che grazie all'artificio meccanico del deragliatore? Ci stiamo rammollendo». Quando la Mavic, azienda francese di componenti per bicicletta, produsse i primi cerchi in alluminio, Desgrange ne proibì l'uso. Il Tour perfetto, diceva spesso, avrebbe avuto un vincitore perfetto se un solo uomo fosse sopravvissuto. La tiratura del suo giornale aumentò vertiginosamente. Il controllo di Desgrange sul Tour de France ebbe fine nel 1937.

Prima di iscrivere la sua ditta nel registro delle imprese e dare inizio alla produzione del bloccaggio rapido per mozzi nel 1933, Tullio Campagnolo fabbricava componenti nell'officina sul retro del negozio di ferramenta di suo padre. Quello stesso anno brevettò un prototipo di deragliatore posteriore costituito da un mozzo mobile e da due bacchette fissate ai foderi verticali. Il dispositivo venne modificato e migliorato gradualmente per oltre un decennio, finché Gino Bartali usò il modello denominato Cambio Corsa nelle tappe di montagna durante il suo trionfale Tour de France del 1948. Nel 1950, alla Fiera di Milano, fu presentato il cambio Gran Sport, un deragliatore posteriore a parallelogramma con gabbia allungata, un dispositivo che riconosceremmo anche oggi. Era il componente per biciclette più complesso che si fosse mai visto, ma grazie a esso la possibilità di cambiare rapporto senza complicazioni diventava improvvisamente realtà. Tutti ne volevano uno, ma solo i corridori professionisti e i dilettanti più danarosi potevano permetterselo.

All'inizio degli anni Cinquanta, il legame tra la Campagnolo e l'élite del ciclismo su strada venne suggellato da una serie di vittorie di corridori che usavano i componenti di Tullio: Hugo Koblet nel Tour de France del 1951; Fausto Coppi nella Parigi-Roubaix del 1950 e nella doppietta Giro-Tour del 1952, oltre che nella prova in linea al Campionato del mondo su strada del 1953. I due corridori utilizzavano entrambi cambi Gran Sport.

La Campagnolo, che aveva ormai più di cento dipendenti, iniziò a ridisegnare e a produrre altri componenti: pedali, reggisella, pedivelle senza spine di fissaggio al movimento centrale, mozzi e corone in alluminio. Il giro d'affari crebbe enormemente. Negli anni Sessanta la ditta diversificò la produzione realizzando freni a disco meccanici e idraulici per motociclette, cerchi di ruote in magnesio per automobili sportive come la Maserati e persino componenti per l'industria aerospaziale, tra cui gli chassis di un satellite lanciato dalla NASA nel 1969.

Una poderosa attività di ricerca e sviluppo, condotta in stretta collaborazione con corridori professionisti, assicurava che tutte le innovazioni concepite da Tullio per migliorare la bicicletta raggiungessero un grado di affidabilità impareggiabile prima di essere messe sul mercato.

Tullio Campagnolo morì nel 1983. Nel frattempo su di lui si era riversata una caterva di lodi e riconoscimenti, tra cui la Stella d'Oro al merito sportivo del CONI e il Cavalierato del lavoro, la più alta onorificenza italiana nel campo imprenditoriale. Con quello spirito indagatore che animò tutta la sua vita, Tullio rivide e perfezionò molte caratteristiche della bicicletta, fondò l'azienda che, con il suo nome, produce i componenti più famosi e ambiti al mondo e contribuì a rivendicare all'industria italiana la supremazia nella produzione delle biciclette da corsa. Il giorno dei funerali, Eddy Merckx pronunciò un elogio in suo onore: «Te lo dico in cattivo italiano, forse, ma con un cuore italiano perché, grazie a te, c'è un pezzetto d'Italia che porta il tuo nome su tutte le biciclette del mondo».

Fino a non molto tempo fa la storia della bicicletta era decisamente nebulosa. Solo la rigorosa opera accademica di un piccolo collettivo di studiosi che prende il nome di International Cycling History Conference ha fatto un po' di chiarezza in quest'ambito. Fino agli ultimi decenni del secolo scorso le rivendicazioni di varie nazioni industrializzate sui diritti di proprietà intellettuale rendevano difficile individuare i reali progressi tecnologici del veicolo, insieme alle mani e alle menti a cui si deve attribuirne il merito. Questo sciovinismo aveva mostrato il peggio di sé negli anni precedenti alla prima guerra mondiale. I tedeschi sostenevano che la «macchina da corsa» realizzata dal barone von Drais nel 1817 fosse la prima bicicletta, anche se in realtà era solo un prototipo. I francesi giuravano che era stato il conte de Sivrac a inventare la bicicletta nel 1791, ma il suo «celerifero» era una macchina priva di sterzo. Secondo gli inglesi la storia della bicicletta era iniziata nel 1885 con la Rover Safety. Persino gli scozzesi avanzavano pretese citando la storia di Kirkpatrick MacMillan, un fabbro del Dumfriesshire che aveva aggiunto delle pedivelle a movimento alternato a un velocipede quarant'anni prima della Rover Safety. Trovare un accordo era impossibile. Poi, nel 1974, un lessicografo e storico della letteratura italiano, Augusto Marinoni, fece un annuncio che ebbe l'effetto di un grosso bastone infilato tra i raggi della ruota di una bicicletta in corsa.

Marinoni rivelò al mondo l'esistenza dello schizzo di una bicicletta eseguito da Leonardo da Vinci. Lo schizzo era stato trovato in un foglio del Codice Atlantico e risaliva al 1493. Sul retro di una pagina su cui Leonardo aveva disegnato una fortificazione militare, tra la caricatura di un uomo e due bizzarri falli ambulanti, c'era lo schizzo di una bicicletta completa di due ruote in linea di uguali dimensioni, un rudimentale sistema di sterzo, pedivelle, una sella e una catena che collegava una corona a un pignone fissato alla ruota posteriore. Tutti gli elementi fondamentali della bicicletta erano lì. Le proporzioni erano straordinariamente simili a quelle delle biciclette moderne. Ecco la prova che Leonardo aveva inventato la bicicletta – una bicicletta con tanto di trasmissione a catena – almeno trecento anni prima di de Sivrac, Drais, Michaux, Lallement, MacMillan, Starley o di ogni altro pretendente. Ecco la prova inconfutabile del fatto che la bicicletta era italiana. Gli unici a *non* rimanere sconvolti da quella rivelazione furono proprio gli italiani. Sotto sotto, gli appassionati di ciclismo del Belpaese l'avevano sempre saputo.

Secondo Marinoni, i monaci dell'abbazia di Grottaferrata, nei pressi di Roma, avevano scoperto lo schizzo mentre erano impegnati nel restauro del codice leonardesco. Nel sedicesimo secolo, più di mille carte vinciane erano state riunite in un unico faldone che avrebbe preso il nome di Codice Atlantico. I monaci avevano faticosamente staccato le pagine incollate del codice, rivelando una serie infinita di disegni inediti che coprivano una varietà straordinaria di tecnologie non ancora inventate. Ed era lì che compariva la bicicletta. Lo schizzo divenne noto in tutto il mondo nel 1974, quando Marinoni pubblicò un tomo accademico intitolato *The Unknown Leonardo* («Il Leonardo sconosciuto»).

Le idee ingegneristiche di Leonardo sono straordinarie: molte erano in anticipo di secoli rispetto alla tecnologia conosciuta nel rinascimento. Leonardo tracciò i disegni di un elicottero, di un paracadute, di congegni per sollevare pesi, di un'«automobile» in legno azionata da un sistema di molle e ruote dentate, di cannoni a tre canne, di un aliante, di un ponte mobile e di un'attrezzatura da immersione. L'idea che una visione dell'invenzione che avrebbe cambiato il mondo, la bicicletta, fosse comparsa per la prima volta nei meandri frenetici e congestionati del cervello di uno dei più grandi ingegneri della storia dell'umanità, già nel 1483, affascinava gli appassionati di ciclismo di tutto il mondo. Il tempismo di Marinoni era impeccabile: nel 1974 si era nel pieno della crisi petrolifera, con l'embargo attuato dall'OPEC contro gli Stati Uniti per il suo sostegno a Israele durante la guerra del Kippur. Le vendite delle biciclette stavano aumentando vertiginosamente e il numero di appassionati cresceva di giorno in giorno. Lo schizzo della bicicletta fu pubblicato un'infinità di volte sui quotidiani e sui periodici di ciclismo e di ingegneria. Probabilmente finì persino per essere stampato su qualche strofinaccio da cucina. La bicicletta di Leonardo entrò rapidamente a far parte della storia ufficiale della bicicletta.

C'era solo un problema: lo schizzo era un falso. Forse era addirittura il frutto di una truffa premeditata, un disegno aggiunto durante la lunga opera di restauro delle carte di Leonardo per rivendicare all'Italia la priorità dell'invenzione della bicicletta. Rifilato a un mondo propenso a credere a tutto, l'imbroglio funzionò. Anzi, funzionò così bene che per vent'anni nessuno ritenne opportuno indagare sulla provenienza dello schizzo. Un piccolo lavoro d'investigazione portò Hans-Erhard Lessing, uno storico tedesco dei trasporti, a concludere che il disegno era un falso, uno scarabocchio tracciato da un dilettante sopra un disegno originale di due cerchi geometrici con alcune linee. Quasi certamente non sapremo mai chi fu l'autore della contraffazione. È probabile che la sola colpa di Marinoni fu l'ingenuità che lo indusse a diffondere il falso. E se il responsabile fosse stato uno dei monaci?

Per me, è questa la storia più affascinante. Mi piace pensare che un giorno, mentre lavorava nel laboratorio di restauro annesso alla famosa biblioteca dell'abbazia di Santa Maria a Grottaferrata, un monaco con la passione per il ciclismo fosse in preda alla noia. Il Codice Atlantico comprende 1119 pagine di disegni e scritti databili tra il 1478 e il 1519. I monaci lavorarono al suo restauro per cinque anni. Quel giorno, che nulla ci vieta di collocare nel 1972, il nostro monaco appassionato di ciclismo tiene tra le mani il foglio 133, due pagine incollate insieme. In trasparenza il monaco scorge il contorno indistinto di due cerchi geometrici; due ruote, forse. Avvicina la carta a una lampada la cui luce fa breccia a fatica nella penombra della biblioteca medievale. Socchiude gli occhi per guardare meglio. *Sì, sì, sono senza dubbio due ruote. Che ci sia anche un telaio?*, pensa. *E dei componenti? Che sia una bicicletta? Aspetta un po', se fosse una bicicletta sarebbe... un miracolo.*

Un colpo di tosse dell'abate in un corridoio vicino risveglia il nostro monaco dalle sue fantasticherie. Con grande cura – è il suo lavoro – rimuove la pagina di rinforzo su cui è stato incollato il foglio 133. Le pagine del codice furono rilegate in gran fretta da Pompeo Leoni, lo scultore che alla fine del sedicesimo secolo entrò in possesso dei disegni di Leonardo. Sul retro del foglio compaiono due cerchi con alcuni segni incomprensibili. Non ci sono biciclette. La delusione del monaco è grande, quasi quanto quella per i mancati successi dei corridori italiani negli ultimi tre Giri d'Italia e negli ultimi sette Tour de France. È il 1972, non dimentichiamolo, un momento nero per i tifosi italiani: là fuori Merckx «il cannibale» non lascia nemmeno le briciole agli avversari.

Il nostro monaco comincia oziosamente a scarabocchiare il foglio: qualche raggio e quei due cerchi diventano ruote. Mentre pensa a Faliero Masi, il grande telaista, «il sarto delle biciclette», nella sua officina sotto il velodromo Vigorelli a Milano, il monaco aggiunge un telaio al disegno. Poi gli appare il volto di Cino Cinelli, e disegna un manubrio. Non sta facendo altro che riempire i vuoti. *È ovvio che sia stato Leonardo a inventare la bicicletta*, pensa. Comincia a disegnare più in fretta, con uno scopo adesso: pedivelle, pedali e un pignone. Lo stemma alato della Campagnolo gli attraversa la mente. «Che importa? Tutti sanno che la bicicletta è italiana. È italiana quanto la cupola di San Pietro». Una sella ed ecco fatto. Non resta che incollare di nuovo le due pagine. Suona una campanella. «Ah, è ora di pranzo» dice il monaco.

«Gli italiani amano il design, i colori, le forme. Abbiamo molto a cuore l'estetica della bicicletta» mi dice Lorenzo Taxis. «È questa la parte della bicicletta che si può dire appartenga davvero all'Italia. La cura nei dettagli fa parte della filosofia della Campagnolo. Siamo un'azienda *product-oriented.* Vendiamo prodotti che stanno al vertice di una piramide di un'industria matura. La bicicletta non cambia da moltissimo tempo. Solo le performance sono migliorate. Così lo sviluppo di tutti i nuovi prodotti viene seguito personalmente da Valentino Campagnolo. Lui ritiene che se è possibile mettere sul mercato prodotti d'eccellenza che siano anche esteticamente belli, allora si curano meglio gli interessi dell'azienda».

Oggi la Campagnolo è famosa soprattutto per i suoi «gruppi», insiemi di componenti prodotti dalla stessa azienda, progettati e realizzati per operare insieme. Il primo gruppo Campagnolo Record fu messo in vendita nel 1958. Prima dell'avvento dei gruppi, di solito le biciclette di alta qualità erano equipaggiate scegliendo componenti di aziende diverse: freni Mafac, guarnitura Chater-Lea, pedali Barelli e così via. Dal 1958, il dibattito sui pro e i contro dei gruppi è sempre rimasto molto acceso tra i ciclisti. L'argomento a favore è che tutti i componenti di un gruppo sono prodotti per operare insieme in modo efficiente e nel contempo conferiscono un aspetto unitario alla bicicletta. L'argomentazione di chi li avversa è che i grandi produttori di componentistica hanno ridotto la scelta per i consumatori e si sono appropriati di una larga fetta del mercato.

Quando nacque il progetto di costruire la bicicletta dei miei sogni, giurai che non avrei preso gruppi. Nella mia mente avevo tratteggiato l'immagine di una bici con, per esempio, una corona Tune, pedivelle Specialités TA, freni della Ciamillo, una catena Stronglight, deragliatore anteriore e cambio posteriore della

Campagnolo. Quando gliene parlai, Brian Rourke trasalì; anzi, a dire il vero fece un balzo indietro, come qualcuno che ha preso una scossa a basso voltaggio. Quando si riprese mi espose con cura la sua tesi a favore della scelta di un gruppo, o almeno di un sistema di organi di trasmissione composto da parti coordinate. Il problema della compatibilità non era di poco conto, secondo Brian: «Rischi di farti venire un gran mal di testa, Rob». Ma per lui era ancora più importante la questione dell'aspetto della bici. Scegliere un componente diverso quando si trattava dei mozzi e del reggisella ci poteva stare. Persino le pinze dei freni potevano essere di una ditta diversa. Ma per la trasmissione, il deragliatore, il cambio e le leve integrate dei comandi cambio e dei freni la scelta di un gruppo era sacra, per ragioni puramente estetiche. Brian aveva avuto ragione su così tante altre cose che decisi di fidarmi di lui.

Una volta deciso di acquistare un gruppo, sapevo esattamente che cosa volevo: un Campagnolo Record. Nel 1958, il primo gruppo Campagnolo Record comprendeva una guarnitura (l'insieme di corone e pedivelle), il movimento centrale, un pacco pignoni, due mozzi, il reggisella, la serie sterzo, il deragliatore e il cambio. Oggi l'elenco si è affinato: catena, guarnitura, pacco pignoni, deragliatore anteriore, cambio, leve e freni. È un kit spaventosamente caro. Per me sarebbe stato un atto di enorme indulgenza nei confronti di un mio capriccio. I pedali li avrei aggiunti io.

Il nome Record ricorre nella storia del ciclismo per tutta la seconda metà del ventesimo secolo. La parola stessa è oggetto di venerazione; ha un tocco di feticismo. Il gruppo Record, in tutte le sue diverse forme e parti, ha formato un'associazione con i successi nelle competizioni che non ha uguali non solo nel ciclismo ma nello sport in generale. Le trentasei vittorie nel Tour de France dal 1958 a oggi e le ventisei nel Giro d'Italia dal 1968 al 1994 danno un'idea di quanto sia incontrastato il dominio della componentistica del gruppo Campagnolo Record.

Come tanti, anch'io ammiro e bramo i componenti Record da moltissimo tempo. Quando avevo dodici anni, c'era un ragazzo di un paese vicino al mio che aveva una bici da corsa Peugeot color verdazzurro chiaro con un gruppo Campy Record. I componenti venivano dalla bicicletta smessa di suo padre ma quel ragazzo se li lucidava come se li avesse pagati con il proprio sangue. Quella bici era così sontuosa che mi faceva male guardarla. Trent'anni dopo se chiudo gli occhi posso ancora vederla, con i suoi organi di trasmissione luccicanti, appoggiata a un muro di pietra accanto al pozzo, fuori del camposanto.

Montare un gruppo Record sulla bici che ho usato per fare il giro del mondo non avrebbe avuto senso. All'epoca avevo scelto un gruppo Shimano, consapevole del fatto che trovare parti di ricambio in luoghi remoti sarebbe stato molto più facile. Ho aspettato per un tempo lunghissimo di poter buttar via (un bel po' di) soldi per comprarmi i componenti di un gruppo Campagnolo Record. Adesso il mio momento è arrivato.

«Buon Natale» mi dice Lorenzo spingendo verso di me la scatola attraverso il tavolo. «Il cartone della confezione pesa più dei componenti». Pochi colpi di taglierino e la scatola è aperta. Ogni componente è confezionato singolarmente. Mentre comincio a estrarli, Lorenzo mi elargisce i suoi commenti: le calotte del movimento centrale («Misura inglese standard»); il cambio posteriore («Ha dentro tantissima tecnologia»); la guarnitura («Ah, il pezzo più sexy di tutti. Le pedivelle sono da 170 millimetri. Corone compatte. Le va bene, sì?»); freni, comandi integrati delle leve del cambio e del freno, pacco pignoni («Undici velocità. Il meglio»). E la catena, che avrebbe fornito la colonna sonora a tutte le mie pedalate future.

Era come ricevere in regalo una scatola di gioielli. Mi sentivo quasi intimidito. Poi mi ricordai che non era affatto un regalo, che lo stavo comprando quel gruppo. Mi irrigidii. Si trattava, come mi aveva detto Will, il mio più vecchio compagno di pedalate nonché il compare d'anello al mio matrimonio, di «un classico acquisto da crisi di mezza età».

4. La verità laterale, e che Iddio mi aiuti

Le ruote

> «Domerò quest'aggeggio a due ruote qui, subito, adesso, all'impronta».
>
> Banjo Paterson, *Mulga Bill's Bicycle*

Gravy è alto, come una sequoia. Lo è, mi viene da dire, anche mentre attraversa serpeggiando il parcheggio, piegato sulla sua bici. «Ehi, tu devi essere Rarb» dice deformando il mio nome con il suo cantilenante accento californiano, e mi porge una mano delle dimensioni di una racchetta da tennis. Poi si apre in un sorriso che potrebbe abbracciare il Golden Gate. «Benvenuto a Fairfax, contea di Marin. Grazie per aver fatto il viaggio. Meglio che entriamo. Vediamo se riusciamo a mettere insieme un paio di ruote Gravy per te».

Tutto di Gravy è grande, anche la sua reputazione. Fin dall'inizio di questo mio progetto, a tutti quelli con cui parlavo chiedevo: «Chi produce i raggi delle ruote migliori?» Molti, per un innato senso di lealtà, mi facevano il nome del costruttore di ruote della loro zona. Alcuni proponevano se stessi. C'era qualcuno che mi suggeriva persino costruttori di ruote concorrenti con cui avevano rotto i rapporti molto tempo prima. Ma quanto più mi immergevo nel mondo della bicicletta, quanto più mi informavo, tanto più spesso affiorava un nome: Gravy.

Volare fino alla West Coast degli Stati Uniti per procurarmi un paio di ruote su ordinazione è, sotto ogni aspetto, qualcosa di stravagante. Non posso farlo, pensavo all'inizio, anche se sapevo che durante lo stesso viaggio avrei avuto l'opportunità di procurarmi la serie sterzo per la mia bicicletta. Ciò che alla fine mi fece cambiare idea fu una conversazione telefonica con Gravy: «Sarebbe fantastico se tu ci riuscissi, amico» mi disse. «Ti procureremmo un paio di ruote magnifiche. Potremmo anche organizzarti un'escursione in bici sul monte Tam, per provare il Repack. Il negozio è proprio lì, ai piedi del Repack. Forse Charlie Kelly e Joe Breeze saranno da queste parti. Che ne diresti di venir giù dal Repack con Charlie e Joe?» La cornetta del telefono mi cadde di mano.

Se non siete fanatici della mountain bike, probabilmente non sapete che il Repack è il più famoso percorso fuoristrada del mondo, la culla della mountain bike. Qui, alla fine degli anni Settanta, un gruppo di hippy sfaccendati trasformò la rustica bicicletta cruiser in un veicolo adatto a tutti i terreni, un tipo di bicicletta che avrebbe aperto un nuovo percorso tecnologico per la fine del ventesimo secolo. Fu l'innovazione più significativa nel design della bicicletta dai tempi della Rover Safety di John Kemp Starley ed ebbe conseguenze enormi: come ha scritto uno storico del ciclismo: «La mountain bike ha salvato il culo all'industria della bicicletta».

La crisi del petrolio del 1974 aveva provocato un boom nelle vendite di biciclette in America, il primo picco davvero significativo dal 1890. Ma già alla fine degli anni Settanta l'industria della bicicletta riprese a perdere colpi fino a bloccarsi. Le biciclette da corsa a dieci velocità destinate al mercato di massa avevano gomme dure e selle ancora più dure. Senza che ci si rendesse conto, la bici era diventata qualcosa di molto lontano da quell'utile, pratico «cavallo della gente comune» che Starley aveva immaginato.

Nel 1981, quella che era iniziata come un'industria casalinga nei garage della contea di Marin si mutò in produzione di massa: le cinquecento bici Stumpjumper prodotte in Giappone dall'azienda californiana Specialized andarono esaurite in tre settimane. Oggi uno di quegli esemplari è esposto allo Smithsonian National Museum of American History. Le aziende che dominavano il mercato, e che da principio avevano snobbato quelle orrende «bici giocattolo», ne presero nota. Fu l'inizio di una corsa all'oro che rivitalizzò l'industria statunitense della bicicletta. In pochi anni la mountain bike divenne un fenomeno globale. Nel 1985, il 5 per cento delle biciclette vendute negli Stati Uniti erano mountain bike. Dieci anni dopo erano il 95 per cento. Nel 1988 il 15 per cento dei 2,2 milioni di biciclette vendute in Gran Bretagna erano mountain bike. Nel 1990 la loro percentuale era salita al 60 per cento. Nel 1996 le gare di mountain bike divennero uno sport olimpico.

Il nuovo mezzo toccava un nervo scoperto. La mountain bike era comoda da guidare, e agli americani suscitava nostalgia per un tipo di bicicletta che era stato popolare a metà del ventesimo secolo. Catturava alla perfezione le fantasie della generazione del baby boom. Tutti ne volevano una. Finalmente c'era di nuovo una bici pratica e alla portata di chiunque.

Se il Repack è la culla della mountain bike, Charlie Kelly e Joe Breeze sono stati le sue levatrici. Era vent'anni che leggevo delle loro gesta. Sono leggende viventi. L'opportunità di affrontare il Repack insieme a loro era troppo bella per lasciarmela sfuggire. Riesumai il mio passaporto.

«Andiamo Rarb. Entra nel mio laboratorio. Dai pure un'occhiata in giro mentre io mi do una sistemata» mi dice Gravy. Il «laboratorio» è l'officina di Gravy, nascosta sul retro di un cavernoso negozio di biciclette il cui nome è Fairfax Cyclery. Le pareti sono piene zeppe di cimeli – foto autografate, magliette da ciclismo, pedivelle di dimensioni inusuali – che documentano i trent'anni di rapporti di Gravy con il ciclismo. Steve «Gravy» Gravenites è cresciuto a Mill Valley, sulla strada che da Fairfax scende verso la baia di San Francisco, quando lo sport della mountain bike si trovava a metà tra il concepimento e la nascita. Ha corso in mountain bike per dieci anni, a cui sono seguiti altri dieci anni passati in giro («a visitare tutte le stazioni sciistiche sconosciute del mondo» mi racconta) facendo il capomeccanico nelle corse o, come si dice in gergo, il «serrabulloni». Ha lavorato per diverse squadre internazionali di mountain bike come la Yeti, la Schwinn e la Volvo-Cannondale, oltre che per campioni nazionali e mondiali come Tinker Juarez, Myles Rockwell e Missy «the Missile» Giove.

Quando Gravy ricompare col caffè, io sono con la testa dentro la sua vecchia cassetta degli attrezzi; la «scatola da corsa», come la chiama lui. Ha fatto il giro del mondo almeno dieci volte, e gli adesivi che la coprono sono lì a dimostrarlo. Gli attrezzi correnti sono sistemati nello scomparto superiore. L'artiglieria pesante sta sotto.

Solo la competenza di Gravy nella costruzione di ruote supera le sue credenziali di serrabulloni: «Faccio ruote da tre decenni, da due è il mio lavoro. Secondo i miei calcoli non sono ancora arrivato a diecimila ruote, ma mi ci sto avvicinando» mi dice. Prima che le aziende ciclistiche producessero ruote complete nei loro impianti industriali, Gravy costruiva le ruote per intere squadre sportive di mountain bike. La sua filosofia: realizzare ruote su misura in base al peso, all'altezza, allo stile di pedalata e alle condizioni di utilizzo della bici per ciascun ciclista.

È possibile avere biciclette senza cambi di velocità e senza freni: si chiamano bici «da pista» o «a scatto fisso». I pistard sono obbligati a usarle; moltitudini di ciclisti urbani adorano farlo. Al limite, è possibile avere una bicicletta priva di movimento centrale, pignone, catena, corona, pedivelle e pedali. Togliete tutto questo e avrete comunque una bicicletta denudata, ridotta alle parti essenziali della draisina.

Ma togliete le ruote e *non* avrete più una bicicletta. Avrete soltanto un sedile di legno o un insieme di tubi saldati per formare un oggetto di forma strana che non serve a nessuno. Le ruote sono fondamentali. Tanto la definizione quanto l'etimologia del termine «biciclo» rispecchiano questo fatto. Nel *Chambers Twentieth Century Dictionary* la definizione della parola *bicycle* è: «Veicolo a due ruote disposte in linea e azionato a pedali». «Cycle» viene dal greco *kýklos*, che significa «giro», «cerchio», «ruota».

All'inizio, tuttavia, il mezzo non fu battezzato biciclo né bicicletta. Parole come queste prendono forma nel tempo; non scaturiscono dalla macchina stessa, al tocco della mano di un inventore, per adattarvisi immediatamente. Il lungo elenco di termini inglesi che precedettero la parola *bicycle* («biciclo» o «bicicletta») comprende *draisine* («draisina»), *pedestrian accelerator* («acceleratore pedestre»), *dandy-horse* («cavallo da dandy»), *dandy-charger* («destriero da dandy»), *hobby horse* («cavallo giocattolo»), *pedestrian curricle* («calesse pedestre»), *boneshaker* («scuotiossa»), *velocipede*, *ordinary* («ordinario») e *high-wheeler* («veicolo a ruota alta»). Il termine *bicycle*, coniato probabilmente in Francia alla fine degli anni Sessanta dell'Ottocento, appare per la prima volta in un brevetto inglese nel 1869 e viene adottato dopo il 1870. Come ha scritto il romanziere belga Stijn Streuvels: «È mai esistita un'altra macchina che sia diventata tanto popolare, che si sia diffusa in un tempo tanto breve, e per la quale abbiamo avuto tanta difficoltà a trovare un nome?»

Naturalmente ogni nazione assegnò un nome al veicolo nella propria lingua passando attraverso un analogo processo di selezione. In Olanda si provarono *rijwiel*, *trapwiel* e *wielspeerd*, prima di decidersi per *fiets*. I francesi e gli italiani si servirono di due parole latine che unirono per formare, rispettivamente, *vélocipède* e velocipede («piede veloce»); ma i francesi trovavano quel termine troppo lento per qualcosa di tanto rapido, e così lo abbreviarono in *vélo*, preferendolo a *bécane*, a *bicloune* e a *bicyclette*. *Vélo* è una bella parola: se chiudo gli occhi e lascio che il suono «vvv» mi vibri sulle labbra, riesco a evocare la sensazione di indolenza che si prova pedalando in una sera d'estate. Sempre per ragioni puramente fonetiche mi piacciono anche il tedesco *rad*, l'irlandese *rothar* e il greco *podilato*. Ma la parola vera, la parola funzionale, viva, la parola adottata con minime modificazioni in dozzine di lingue e compresa da una maggioranza consistente della popolazione mondiale è *bicycle*, biciclo, bicicletta: due ruote.

Piazzato su un divano arancione nella vetrina del suo negozio, Gravy prende con cura i mozzi anteriore e posteriore che ho portato con me. Sono mozzi di marca Royce, realizzati da Cliff Polton nell'Hampshire, in Inghilterra. A condurmi alla Royce era stata la sua reputazione, proprio come con Gravy. Il primo a parlarmene era stato Brian Rourke – «sono a prova di bomba» mi aveva detto – e poi, come capita quando impari una parola nuova, i mozzi Royce avevano cominciato a saltar fuori ovunque. Avevo visto la poco appariscente «R» incisa a laser sui mozzi di ruote fatte a mano; lo stesso Polton era apparso su alcune riviste, in articoli in cui si parlava del declino dell'eccellenza britannica in campo ingegneristico; e persone che avevano saputo per caso del mio progetto mi inviavano e-mail per magnificare la bellezza dei componenti Royce. Polton ha realizzato componenti per la giovane Nicole Cooke ai tempi delle sue vittorie nella categoria juniores. Più noto è il fatto che abbia costruito i mozzi della bicicletta utilizzata da Chris Boardman per battere il record mondiale dell'ora «dell'atleta» al velodromo di Manchester nell'ottobre del 2000. (A differenza del record assoluto, o «miglior prestazione umana sull'ora», il record dell'atleta deve essere stabilito su una bicicletta convenzionale, con le tradizionali ruote a raggi, una piega manubrio di tipo classico e i tubi del telaio a sezione circolare.)

I mozzi Royce sono semplici ed eleganti. Gli assi, realizzati con titanio di qualità aerospaziale, sono garantiti «per la vita del primo acquirente». Il corpo, in alluminio, è lavorato con macchine CNC e lussuosamente rifinito. In effetti i mozzi sembrano gioielli. Non appena li vidi, capii che la mia ricerca era terminata. Ma c'era un intoppo: quando telefonai a Polton per ordinarli, lui mi disse di aver terminato i mozzi posteriori da 32 raggi e con cassetta pignoni compatibile Campagnolo. Non ne avrebbe prodotti altri per diverse settimane (stava seguendo un corso di apicoltura), e comunque non prima del mio viaggio in California. Ma aveva un mozzo posteriore da 28 raggi compatibile Campagnolo. Quanto pesavo? Per quale bici mi serviva? «Oh, allora le andrà benissimo» mi disse.

Gravy esamina i mozzi da vicino, guardandoli da sopra i suoi occhiali, come un commerciante di pietre preziose che valuta dei diamanti:

> Noto assi di titanio, flange di ampiezza media, magnifica la lavorazione a macchina qui, bello lo smusso... non ci sono fori o brutti orli che potrebbero creparsi col tempo, un'ottima finitura a lucido che sigilla alla perfezione il metallo. Corpo del meccanismo di ruota libera sul mozzo posteriore in titanio, molto più resistente dell'alluminio; molto bene. La scorrevolezza dei cuscinetti sembra fantastica. Struttura splendida. Dovrebbero durarti molto, molto a lungo, Rarb. Saranno i primi mozzi Royce su cui abbia mai lavorato. Grandioso. Quali pneumatici intendi montare sulla tua bici?

Avevo già i miei pneumatici: Continental Grand Prix 4000s. Poche settimane prima ero andato agli impianti di produzione per vederli realizzare. Avevo scelto gomme Continental per il semplice fatto che non mi avevano mai tradito. Nel mio viaggio in bicicletta intorno al mondo avevo sempre cercato di avere sulla mia Manannan due Continental Town and Country, adatte a qualsiasi terreno. Quando proprio non era stato possibile, mi ero accontentato di montarne una sul posteriore. Erano di gran lunga i copertoni più robusti che avessi mai usato. Su qualsiasi terreno.

La cittadina medievale di Korbach, nella Germania centrale, è dominata dagli impianti della Continental (nella via omonima) proprio come lo erano le città del Lancashire in epoca vittoriana. Una gigantesca ciminiera di mattoni rossi sale fino al cielo. La mattina del mio arrivo, una caligine cupa e opprimente sovrastava gli edifici dello stabilimento. L'aria era fredda, la fabbrica tenebrosa. Avevo l'impressione di entrare nella scena di un romanzo di Sherlock Holmes. L'accostamento non era fuori luogo: Arthur Conan Doyle era una ciclista appassionato e Holmes si vantava di poter identificare «quarantadue diverse impronte di gomme».

Il raggio di luce che avrebbe perforato quell'oscurità si materializzò nella figura di Hardy Bölts, la mia guida per quella giornata. Alto, la schiena dritta, asciutto e abbronzato, Hardy era un altro esempio vivente dei benefici fisici di una vita trascorsa in bicicletta. Prima di essere assunto alla Continental era stato un corridore professionista, sia su strada sia in competizioni di mountain bike. Facendo balenare un fila di denti bianchi, mi strinse energicamente la mano e strisciò il suo badge per aprire l'ingresso.

«Sa qual è il soprannome di Korbach?» mi disse. «La città della gomma. E che ne dice dell'odore, l'odore di gomma scaldata? Non va mai via. Come con la sella di una bicicletta, dopo un po' ci si abitua».

Gli abitanti di Korbach ne hanno avuto a sufficienza di tempo per abituarcisi. La Continental, che con i suoi 150.000 dipendenti in diciotto paesi è oggi uno dei più grandi fornitori mondiali dell'industria dell'automobile, iniziò a produrre pneumatici per biciclette a Korbach nel 1892. Il suo curriculum manifatturiero copre quasi tutta la storia degli pneumatici.

John Boyd Dunlop, un veterinario scozzese residente a Belfast, inventò lo pneumatico nel 1888. Un dottore gli aveva consigliato la bicicletta come rimedio salutare per il suo bambino di nove anni, sottolineando che quell'attività avrebbe avuto effetti molto più benefici se fosse stato possibile ridurre i sobbalzi provocati dalla pavimentazione di granito sconnesso delle strade cittadine.

Senza dubbio l'intera comunità dei ciclisti sarebbe stata d'accordo. A quell'epoca il comfort era una cosa che nessuno si aspettava o chiedeva alla bicicletta. Durante il boom dei velocipedi – chiamati a buona ragione «scuotiossa» – le coperture delle ruote erano fatte di ferro pieno. Quando fu introdotta la *safety bicycle*, nel 1885, le coperture erano strisce di gomma piena imbullettate o incollate al cerchio della ruota. Era un miglioramento rispetto al ferro, ma anche così una semplice pedalata era sufficiente a far sbattere i molari di un uomo fino ad allentarli.

Dunlop imbullettò dei manicotti di lino alle ruote di legno del triciclo di suo figlio, inserì al loro interno dei tubi gonfiabili di caucciù con una valvola di non ritorno e li riempì di aria compressa. Era come avere un cuscino elastico assicurato alla ruota. E funzionava. Dunlop coniò la parola «pneumatico», brevettò l'idea e avviò una produzione su piccola scala a Dublino. La prima pubblicità apparve sull'*Irish Cyclist* nel dicembre del 1888: «Occhio alla nuova Safety Pneumatica. Vibrazioni impossibili».

Quei primi pneumatici erano costosi e soggetti a bucarsi facilmente. Benché la ridotta resistenza al rotolamento rendesse la bicicletta nettamente più veloce, in Irlanda quelle «ruote a vescica d'aria» o «gomme budino» rigonfie, come venivano chiamate, furono accolte con ilarità e scherno. Nel 1889 un giornalista irlandese usò una bicicletta dotata di pneumatici per andare da Dublino a Coventry, una città in cui la bicicletta non era mai stata presa alla leggera. Di lì a un anno, tutti i corridori ciclisti del paese avevano gomme pneumatiche. Dopo due anni la fabbrica Dunlop fu trasferita a Coventry. Passarono altri sei anni e le azioni dell'azienda furono collocate sul mercato per un valore complessivo di un milione e mezzo di sterline.

Dunlop non ne trasse mai grandi profitti; morì nel 1921 con un patrimonio personale inferiore alle 10.000 sterline. In realtà non era stato lui a inventare la gomma pneumatica, anche se ne era convinto. Un altro scozzese aveva brevettato l'idea (per ruote di carrozze) in Francia e negli Stati Uniti già nel 1848. Ma lo pneumatico di Dunlop giunse in un momento decisivo nell'evoluzione del trasporto su strada ed ebbe un ruolo cruciale per la nascita della motocicletta e dell'automobile. Quanto alla bicicletta, la gomma pneumatica fu l'ultima tessera del mosaico. Il sistema di sterzo aveva dato la possibilità di restare in equilibrio su due ruote in linea; il telaio a losanga e le ruote di dimensioni uguali avevano reso il veicolo robusto e sicuro; gli organi di trasmissione l'avevano reso efficiente. E adesso Dunlop aveva finalmente fatto della bicicletta un mezzo confortevole. Probabilmente fu un'evoluzione importante quanto l'avvento della stessa *safety bicycle*. La gomma pneumatica rese la bicicletta popolare.

«Si inizia qui» mi dice Hardy Bölts, «con la gomma naturale». Sopra le nostre teste, enormi tappeti di gomma compatta vengono risucchiati dentro alcuni cilindri e riscaldati insieme ad additivi chimici. La pasta nera e acquosa che si ottiene sembra uscita dalla fabbrica di cioccolato di Willy Wonka. Mentre una serie di rulli lo appiattiscono, l'impasto sfrigola e ribolle come l'intruglio di una strega. Il rumore è assordante e vicino ai rulli il calore è intenso. Gli operai, che indossano guanti pesanti e hanno gli orli dei baffi imperlati di sudore, ci salutano grugnendo.

«Questi macchinari funzionano ventiquattr'ore al giorno, sette giorni alla settimana, 358 giorni all'anno. Solo ad agosto tutto si ferma per una settimana» mi spiega Hardy.

Più avanti lungo la linea di produzione, strati multipli di filo di nylon escono dalle bobine di filatura per essere inseriti a pressione nei fogli di gomma calda: «Quanto più è sottile il nylon, quanto maggiore è il TPI, cioè il numero di fili per pollice, tanto migliore è lo pneumatico» precisa Hardy mentre osserviamo come la tela gommata che costituirà la carcassa degli pneumatici viene immagazzinata in giganteschi rotoli in fondo allo stabilimento.

L'assalto sensoriale è terminato. Al secondo piano, dove si fabbricano gli pneumatici per bicicletta, l'ambiente è più tranquillo. La prima cosa che noto è il numero di dipendenti di sesso femminile.

«Ci sono molte fasi della produzione di pneumatici di alta qualità per biciclette che non è possibile affidare alle macchine» mi dice Hardy. «Molte di queste operazioni, in cui bisogna maneggiare parti piccole, sono difficili e delicate. Le donne hanno mani più piccole... e sono più abili».

La fase più delicata della procedura è l'assemblaggio dello pneumatico stesso. Osservo una donna arrotolare una striscia di materiale della carcassa su una ruota e aggiungervi i due fili d'acciaio che servono a rinforzarne il tallone. Una macchina ripiega quel foglio singolo due volte prima che l'operaia vi applichi una striscia di protezione antiforatura e, per ultima, la gomma del battistrada. Poi salda le due estremità, appone sullo pneumatico un'etichetta adesiva che indica chi l'ha assemblato e lo appende a un gancio dietro di sé. L'intera operazione è durata quarantacinque secondi.

«Se ci provassimo lei o io faremmo volare tutto in aria» mi assicura Hardy. «Ogni pneumatico deve essere confezionato in questo modo, a mano. E viene controllato più volte. Ogni pneumatico deve portarla sano e salvo giù da un passo alpino a 90 chilometri all'ora».

Uno «scoppio» ad alta velocità – quando la gomma esplode all'improvviso con il fragore di uno sparo – è la cosa che gli stradisti temono di più. Se ti stai fiondando giù da una strada di montagna a tutta velocità, puoi essere scaraventato lontano dalla bicicletta, e allora saranno gli dèi a decidere la tua sorte. L'unico incidente di questo genere che ancora oggi mi provoca degli incubi mi capitò nelle montagne che circondano la valle di Fergana, in Kirghizistan. Stavo scendendo da un passo lungo una strada sterrata, su una bici da turismo carica di bagagli. Quando finirono i tornanti e davanti a me si spalancò la strada diritta, mollai i freni. In piena velocità, la gomma anteriore – uno pneumatico fatto in Cina che avevo comprato al mercato di Kashgar per pochi soldi – esplose. La bici slittò per un breve tratto, poi il manubrio si mise di traverso e io decollai. Anche la bicicletta finì in aria, e quando ricadde sopra di me i denti delle moltipliche mi colpirono su un lato della testa strappandomi il cuoio capelluto.

Qualche ora dopo raggiunsi una fattoria lungo la strada; era il primo insediamento umano che vedevo quel giorno. Il sangue coagulato e impastato con la polvere mi copriva metà della faccia. La mia camicia era a brandelli. Dovevo sembrare un incrocio tra un lottatore clandestino e un santone induista. Appoggiai la bici alla cancellata e mi incamminai per il vialetto d'ingresso. Donne e bambini si dispersero gridando. Dall'ombra emerse il fattore, un uomo kirghiso con duri lineamenti mongoli. C'era una pistola all'estremità del suo braccio teso. Provai a pronunciare qualche parola in russo. Nessuna risposta. Poi i suoi occhi si spostarono con un guizzo dalla mia figura alla cancellata dietro di me, e alla bicicletta. La pelle ruvida e scura del suo volto si distese in un ampio sorriso. Dieci minuti più tardi mangiavo kebab e yogurt mentre sua moglie mi ripuliva il sangue dalla testa con una spugna. Dovevo ringraziare la mia bicicletta per avermi tratto in salvo: decisi che quella era l'ultima volta in cui l'avrei dotata di un copertone di bassa qualità.

Le prime gomme pneumatiche dovevano essere incollate alla ruota con del mastice. Alla fine degli anni Ottanta dell'Ottocento Édouard Michelin, giovane proprietario francese di una fabbrica di gomma che navigava in cattive acque, rimase sbalordito quando un ciclista gli raccontò che, dopo aver riparato una foratura rattoppando la camera d'aria e incollando di nuovo la carcassa alla ruota, aveva dovuto aspettare una notte intera perché il mastice asciugasse. Di lì a poco Édouard lanciò il primo pneumatico rimovibile. Adesso ogni ciclista poteva riparare una foratura, senza bisogno di incollare lo pneumatico al cerchio, in quindici minuti.

Un giorno di settembre del 1891 André, fratello di Édouard, era a Parigi per offrire un pranzo annaffiato con abbondante vino al corridore professionista francese Charles Terront (di lui si dirà di più nel prossimo capitolo). Alla fine del pranzo André, che era la mente commerciale dell'azienda, fece firmare al famoso ciclista un contratto che lo impegnava a correre la Parigi-Brest-Parigi con gli pneumatici rimovibili brevettati della Michelin. Terront vinse con otto ore di vantaggio. All'arrivo, mescolato tra la folla di diecimila appassionati che gremivano gli Champs-Élysées, André distribuì dei volantini che recitavano: «Abbiamo tutte le ragioni per credere che il pubblico dei velocipedisti dirà dei nostri pneumatici, 'Un miglioramento? No, una rivoluzione!'» In realtà la vera rivoluzione fu quella di Dunlop, ma lo pneumatico rimovibile si trasformò ben presto nel «copertoncino», il tipo di gomma che la maggior parte di noi utilizza ancora oggi sulla bicicletta. I fili d'acciaio di rinforzo che la donna aveva inserito nei talloni dei miei pneumatici Continental divennero uno standard. E, come Dunlop, anche Michelin divenne un nome familiare.

Potrà sembrare strano, ma gli pneumatici di tipo tubolare che vanno incollati alle ruote si usano tuttora. A sceglierli sono soprattutto i corridori professionisti, sia per le gare su pista sia per quelle su strada. Naturalmente i professionisti hanno a loro disposizione un'intera squadra di meccanici che si occupa di faccende fastidiose come fissare i tubolari ai cerchi o riparare le forature. Li si preferisce ai copertoncini perché offrono un vantaggio marginale in termini di assorbimento degli urti e di sensibilità. «E sono un po' più veloci» mi dice Hardy. Parla con cognizione di causa, se si considera che ha partecipato al Tour de France e alla Vuelta a España usando tubolari Continental.

Stiamo osservando un'altra operaia mentre completa la lavorazione di un tubolare utilizzando una macchina per cucire. Ora inserisce con cura la camera d'aria all'interno della carcassa in tela gommata, gonfia il tubolare, lo esamina attentamente per controllare che sia tutto a posto e lo appende a una rastrelliera alle sue spalle. Anche in questo caso si tratta di un lavoro manuale molto complesso. «È una parte piccola ma importante della nostra attività. Vogliamo che i professionisti siano soddisfatti. Forse questo pneumatico è per la bici di Mark Cavendish» mi rivela Hardy.

L'ultima parte del processo di produzione dei miei copertoncini è la vulcanizzazione, la tecnica inventata dall'americano Charles Goodyear nel 1843. La gomma naturale è vischiosa: si deforma col caldo e si indurisce diventando friabile quando fa freddo. Se però la si mescola allo zolfo e la si riscalda, si trasforma in un materiale durevole, elastico e stabile, impermeabile e resistente alle intemperie. Senza il processo di vulcanizzazione, useremmo ancora ruote di bicicletta foderate di ferro.

«Vede quelle gomme crude, Rob? Sono i suoi pneumatici, e stanno per finire nel forno. Adesso non hanno una forma definitiva e potremmo strapparne il battistrada e la carcassa con le mani. Ma dopo tre minuti dentro questa macchina, a una temperatura di 160 gradi, la vulcanizzazione è completa e le gomme indistruttibili» mi spiega Hardy.

Ci troviamo in fondo a due file di sessanta macchinari che accolgono uno pneumatico alla volta. Si aprono e si chiudono di continuo, in tempi diversi, eruttando vapore. All'interno di ciascuno c'è uno stampo con differenti disegni del battistrada. Tre operai si muovono su e giù lungo le due file, sistemando pneumatici crudi nelle fauci delle macchine ed estraendone pneumatici vulcanizzati. Uno degli operai mi fa un cenno con la testa. Ci avviciniamo. L'uomo parla con Hardy in tedesco e mi passa un paio di guanti industriali. «Okay» mi dice Hardy. «Da un momento all'altro potrà tirar fuori i suoi due pneumatici da questi forni. Saranno fumanti. E pronti per essere usati».

Dopo aver posato i mozzi sul divano, tra me e lui, Gravy prende una cartella portablocco e la apre. Entrambi i mozzi hanno 28 fori: entrambe le ruote avranno 28 raggi. A parità di altre condizioni, quanti più raggi ha una ruota tanto più sarà robusta. Ma più raggi significano un maggior peso e un aumento della resistenza aerodinamica. Si tratta di trovare un compromesso. Nel mio caso l'approccio conservativo per ottenere il massimo dell'affidabilità suggerirebbe di montare una ruota posteriore a 32 raggi, mi spiega Gravy; ma considerato che peso solo 75 chili, per compensare possiamo aumentare la robustezza con la scelta dei cerchi e dei raggi.

Il primo passo è scegliere i cerchi. Chiaramente non mi sarei potuto permettere i cerchi più leggeri. Non li avrei scelti comunque. Non sono venuto in California per procurarmi un set di ruote speciali, superleggere, da competizione: sono venuto fin qui per comprare un paio di ruote da montare su una bicicletta che userò tutti i giorni. Ciò che mi sta più a cuore è la robustezza, non il peso.

E tuttavia, se c'è un punto della bicicletta in cui si vorrebbe evitare di aggiungere peso superfluo, è proprio nelle ruote. Le ruote di una bicicletta sono infatti soggette a un'accelerazione angolare oltre che lineare; perciò, ai fini del calcolo della forza che bisogna applicare per accelerare una bicicletta, la massa delle sue parti rotanti va contata due volte. Insomma, se una bicicletta che pesa 10 chili ne ha 6 di massa fissa e 4 di massa rotante, quest'effetto porterà il totale a 14 chili. È questa, in parte, la ragione per cui i cerchi delle ruote di alta gamma non sono fatti d'acciaio ma di materiali più leggeri come l'alluminio o il carbonio. Ed è anche la ragione per cui la qualità e le caratteristiche di mozzi, raggi e cerchi di una bicicletta da corsa possono avere un impatto sulle prestazioni maggiore di quello di ogni altro componente.

«Vorrei indirizzarti verso un cerchio DT Swiss. La DT Swiss è in attività da un sacco di tempo e so che la storia fa sentire voi britannici, come dire, al calduccio» mi dice Gravy.

Ah, la coperta di Linus della storia! La DT Swiss iniziò a trafilare fildiferro in un opificio sulle rive di un fiume nei pressi della città di Bienne nel 1634. Il fildiferro veniva usato nella manifattura delle camicie per i soldati dell'esercito francese. Bienne, culla dell'industria orologiera svizzera, è famosa per la micromeccanica e per la produzione di utensili e macchinari di lavorazione ad alta tecnologia. È un genere di pedigree che, non posso negarlo, mi fa sentire al calduccio.

I cerchi, modello RR 1.2, pesano circa 500 grammi. Sono in alluminio ma hanno un aspetto robusto. La zona in cui alloggiano i raggi è rinforzata e, mi spiega Gravy, l'intero cerchio è rivestito con una vernice usata per i rotori degli elicotteri, che ne aumenta la longevità.

Com'è ovvio, il peso e la robustezza di un cerchio diventano fattori importanti solo all'interno della struttura completamente assemblata. In altre parole, potete anche comprare i cerchi più costosi del mondo, ma se la ruota è costruita male non ne ricaverete nulla di buono. Quanto al colore, posso scegliere tra nero e argento; una decisione facile per me. Graffiate della vernice nera e un cerchio nuovo sembrerà vecchio; graffiate l'argento e sotto il graffio ci sarà argento.

L'RR 1.2 non è una scelta da modaioli del ciclismo. Non riempirebbe di lacrime d'invidia gli occhi degli *weight weenies*, quella tribù di ciclisti su strada che sono ossessionati dal peso di ogni singolo componente. Ma le mie ruote, continua a rassicurarmi Gravy, sarebbero durate molto, molto a lungo.

Mentre Gravy e io parliamo, la gente entra ed esce dal negozio. Qualcuno ha degli affari da concludere. Altri entrano solo per chiacchierare, al di sopra del dub reggae diffuso nel locale, con uno dei meccanici. Le discussioni vertono su parti di biciclette, su itinerari ciclistici o sul concerto che si terrà quella sera dall'altra parte della strada. L'atmosfera è rilassata quanto quella di un bar su una spiaggia antiguana, e questo dice molto sulla comunità unita e amichevole che orbita intorno alla bicicletta qui a Fairfax.

La sera prima avevo girovagato per questa cittadina abitata da settemila persone risolutamente indipendenti che negli anni Settanta era stata la residenza di Van Morrison. Avevo visto frotte di ciclisti sorridenti riversarsi sul centro città dalle vicine montagne coperte di abeti alla fine della loro pedalata serale. Avevo mangiato cibo vietnamita al mercatino di prodotti agricoli in Bolinas Park ascoltando un suonatore ambulante che si esibiva con la chitarra classica. Avevo bevuto un frullato di frutta al supermarket biologico e una birra al 19 di Broadway ascoltando un concerto blues. Al Peri's Silver Dollar Bar la pista da ballo era piena di gente che si dimenava a ritmo di swing. Il direttore del locale mi portò nel bagno delle signore, un reliquiario dedicato a Elvis. «Deve assolutamente conoscere il tizio che l'ha fatto» mi disse. «Si chiama Rudy Contratti. Dove sta? Vedrà uno steccato fatto di vecchi sci e un marlin blu di oltre quattro metri appeso alla casa. Non può sbagliarsi».

Mi autoinvitai da Rudy passando sotto il marlin blu di quattro metri. Ci facemmo una birra («Io la bevo fredda, Rarb. Pensi di farcela?» mi chiese Rudy) e visitammo la sua collezione di biciclette in stile art déco perfettamente restaurate. Andavano dagli anni Trenta agli anni Cinquanta, ed erano esemplari da museo. Nella casa c'era un odore dolce di marijuana. Fairfax, pensai, è la città più stravagante in cui mi sia mai capitato di andare a zonzo. Era una città di grandi cappelli e di tatuaggi; una città di gente in salute che catturava il tuo sguardo e ti sorrideva spontaneamente; una città in cui i pantaloni viola non erano mai passati di moda. Chiesi a Rudy se gli abitanti di Fairfax fossero felici. «Mettiamola così» mi disse, «qui nessuno ha perso del denaro nello schema Ponzi di Bernie Madoff. E tutti vanno in bicicletta».

«Sicuramente tutti vanno in bicicletta» conferma Gravy. «Io non ho mai avuto un'auto». Nella contea di Marin, per ogni chilometro di strada asfaltata ce ne sono trenta di sterrato. C'è una mezza dozzina di gruppi che da Fairfax vanno a fare escursioni in bicicletta ogni giorno: chiunque si può aggregare. Da ragazzino Gravy amava scorrazzare in bici per il Monte Tamalpais, e fu così che conobbe i giovani cui si deve la nascita della mountain bike a metà degli anni Settanta.

«Fui il primo moccioso a unirmi a questi tizi che indossavano scarponi da boscaioli e jeans, mettevano le loro bici di traverso e andavano come matti» racconta Gravy. «Sai, avevano questo modo di fare da svitati ed erano così entusiasti... era contagioso. Mi lasciai coinvolgere».

L'altra faccia della vita di Gravy non è meno affascinante. Suo padre è Nick Gravenites, una leggenda del blues a cui è ispirato il personaggio interpretato da John Belushi nei *Blues Brothers*. Sua madre era compagna d'appartamento e costumista di Janis Joplin. Da piccolo, Gravy viveva a San Francisco, in un appartamento sopra a quello dei Grateful Dead in Haight Street, ombelico di quel movimento hippy che regalò la controcultura al mondo intero. Gli chiedo com'è stato passare dal popolo della notte al popolo della forma fisica perfetta.

«Già, la bicicletta mi ha salvato la vita» mi dice. «E costruire ruote è come accordare chitarre: ogni raggio deve vibrare alla perfezione».

La Sapim realizza raggi da oltre novant'anni. A parte alcuni utensili, quest'azienda belga produce esclusivamente raggi di bicicletta e quei piccoli dadi che prendono il nome di «nippli» e servono ad assicurare i raggi al cerchio della ruota. Competenza, innovazione, rigorosi controlli di qualità, specializzazione, la capacità di adattarsi all'evoluzione tecnica di altre parti della bicicletta e un piccolo gruppo di dipendenti fedeli: sono queste le caratteristiche della Sapim. A ben vedere, sono le caratteristiche comuni a tutti i migliori produttori di componenti dalla nascita dell'industria della bicicletta a oggi. Sulla Sapim avevo letto tutto. L'azienda ha il marchio della qualità.

Da decenni i suoi raggi sono uno degli «ingredienti base» nel mondo dei corridori professionisti, stando a Johan Bruyneel, ex direttore sportivo e confidente di Lance Armstrong. Essendo stato anch'egli un professionista, Bruyneel sa bene che nel ciclismo su strada, forse più che in ogni altro sport moderno, il successo è una questione di precisione scientifica. Gli amori e gli odi nel plotone in technicolor, il doping, il coraggio e l'intensità della sofferenza umana vanno bene per i titoli dei giornali, ma la realtà è che per vincere ci vogliono i componenti migliori. Armstrong ha vinto i suoi sette Tour usando raggi Sapim.

La Sapim produce una grande varietà di raggi, ma Gravy mi

consiglia il tipo tradizionale in acciaio inossidabile, a sezione circolare e a due spessori. Sono scattanti ed elastici, e meno soggetti a rottura grazie a una superficie leggermente maggiore per la filettatura, che ne aumenta la robustezza alle estremità. Gravy apre un raccoglitore da ufficio ed estrae un raggio da una fodera di plastica. Nelle sue mani enormi sembra il raggio della bici di un bambino. Riesco a vedere la lavorazione «a doppio spessore», con la parte centrale che è più sottile delle estremità: so che questo ne aumenta l'elasticità e la robustezza e nel contempo riduce le rotture da fatica.

La ruota anteriore di una bicicletta ha una campanatura simmetrica, deve sostenere un peso minore rispetto alla ruota posteriore e non è sottoposta a carichi torsionali. Ciò significa che ci si può accontentare di raggi più leggeri. Gravy raccomanda il modello Sapim Race standard per la mia ruota anteriore: 2 millimetri di diametro alle estremità e 1,8 millimetri al centro.

Per la ruota posteriore, che deve essere più robusta di quella anteriore, Gravy mi suggerisce una soluzione diversa: il modello Sapim Strong. È anch'esso un raggio a doppio spessore, ma con 2,3 millimetri di diametro alle estremità e 2 millimetri al centro. Su una posteriore a 28 raggi, dovrebbe offrire un perfetto equilibrio tra «sensibilità» e durevolezza. E si accorda con la filosofia globale della mia bici: un mezzo da usare ogni giorno, costruito per durare.

Nella maggior parte dei casi i raggi sono in acciaio inossidabile, un materiale resistente che non subisce corrosione, ha una buona resistenza alla fatica e su cui è facile incidere filettature precise e robuste per i nippli. Su alcune ruote molto costose si possono trovare raggi in titanio oppure raggi di forma elaborata in fibra di carbonio. Ma come i raggi ovali o appiattiti – ideati per ridurre l'attrito con l'aria ma soggetti a forze torsionali – si tratta di componenti per corridori, che danno maggior importanza alla performance che non alla durevolezza e al costo. La maggioranza dei ciclisti vuole raggi a sezione circolare, in acciaio inossidabile e a doppio spessore. Gravy sapeva bene ciò che mi serviva. E con la scelta di raggi differenti per la ruota anteriore e posteriore, avrei avuto tutti i vantaggi di un acquisto fatto su ordinazione.

Il problema era vedere se i raggi Strong si sarebbero adattati ai fori del mio mozzo Royce. Facendo ruotare un raggio tra il pollice e l'indice, Gravy lo inserisce con cura in uno dei fori della flangia. Con un «clac», il raggio si incastra nel suo alloggiamento.

«Perfetto! Guarda. È fantastico». Il suo volto si spalanca in un altro enorme sorriso. Cerchi DT Swiss RR 1.2, raggi Sapim – Strong sulla posteriore, Race sull'anteriore –, nippli standard in ottone: un ottimo affare. Ci scambiamo un cinque alto.

«Adesso devo andare in trincea a costruire alcune ruote. E tu andrai in montagna... Ho appena visto entrare Joe Breeze con una delle sue Breezer originali e tu... ti... divertirai... un... mondo. Quanto vorrei esserci! Andrai a fare il Repack con gente che ha fatto la storia del Repack su autentiche biciclette da Repack. Entrerai a far parte della banda. Le tue ruote bruceranno: faranno fumo, fuoco e fiamme. Yeah!»

Ricordo perfettamente la prima volta che provai una mountain bike. Come la prima volta che ascoltai musica su un walkman, fu un momento di svolta. Era il 1987. Scendevo a piedi da una ripida strada all'università, dietro la sede dell'unione studentesca. Dalla direzione opposta vidi salire Mark, uno studente di design; lavoravamo tutti e due a una rivista. Conoscevo bene quella salita. Sulla mia malridotta bici da corsa con cambio a dieci velocità era uno strappo da affrontare sollevato sulla sella, uno strappo che staccava lo strato di catrame di sigaretta dal fondo dei miei polmoni e mi faceva gonfiare i polpacci come cosciotti di pollo. A dispetto della pendenza, Mark pedalava senza sforzo, tendendo il passo dell'amico che gli camminava a fianco. Chiacchieravano. Io delle mountain bike avevo letto qualcosa, ma non ne avevo mai inforcata una: ci avevano messo un bel pezzo ad arrivare nei viali georgiani di Bristol dai sentieri sterrati della contea di Marin. Mi bastò quella prima volta per decidere che ne volevo una.

L'invenzione della mountain bike è forse il capitolo più affascinante dell'intera storia della bicicletta. Di certo è la più inverosimile. Attorno al 1973 alcuni giovani californiani cominciarono a modificare le bici cruiser – tipiche biciclette americane anteguerra con grossi pneumatici gonfiati a bassa pressione e senza cambio – per lanciarsi a tutta velocità giù da sentieri scoscesi; per puro divertimento.

La caratteristica distintiva di questo nuovo modo di utilizzare la bicicletta era il fatto che lo si praticava *fuoristrada*. Quelle vecchie bici non erano state progettate né costruite per quell'impiego, ma costavano poco e se si rompevano non era un dramma. Una cruiser la potevi strapazzare fino a distruggerla per poi comprarne una nuova. I ragazzi iniziarono a chiamarle *clunkers*, «catorci». Uno dei modelli più amati era l'Excelsior della Schwinn: la geometria rilassata del telaio, il *rake* lungo della forcella e l'altezza da terra del movimento centrale conferivano al suo design un piccolo vantaggio rispetto ad altri modelli.

Ben presto le cruiser cominciarono a essere modificate. Si eliminavano le parti non essenziali e se ne aggiungevano di nuove, prelevate da ogni genere di veicolo a due ruote. I copertoni divennero più voluminosi, i tasselli del battistrada più grossi, i telai furono rinforzati, i freni potenziati; furono aggiunte leve dei freni più robuste e reggisella a sgancio rapido; si allungarono le pedivelle e si migliorarono gli organi di trasmissione; col tempo, fecero la loro comparsa anche i deragliatori e i comandi del cambio sul manubrio. Queste soluzioni e questi componenti erano stati inventati tutti in precedenza; ma nessuno aveva mai pensato di utilizzarli insieme, su un unico telaio, allo scopo specifico di scendere in picchiata dai sentieri sterrati.

La maggior concentrazione di ciclisti impegnati attivamente a modificare le cruiser viveva tra Mill Valley, San Anselmo e Fairfax, piccole comunità della contea di Marin, poco a nord di San Francisco, ai piedi del Monte Tamalpais. Qui il caso fece incontrare un gruppo di giovani pieni d'energia. Gli attori protagonisti non erano più di una mezza dozzina, ma costituivano una massa critica. Erano atletici, curiosi e animati da un forte spirito di competizione. Charlie Kelly, *roadie* di un gruppo rock e scrittore con l'animo del fuorilegge, era il carismatico organizzatore del gruppo; Joe Breeze, un ragazzo ammodo del luogo che correva in bicicletta ed era cresciuto scorrazzando in bici per il Monte Tam, sapeva costruire telai e aveva accesso all'officina di suo padre; Gary Fischer, che oltre a fare il meccanico in bicicletta svolgeva attività agonistica ad alto livello, possedeva uno spirito indagatore e un gran fegato. Tom Ritchey era uno stradista di successo che, terminata la scuola media superiore, si dedicava a tempo pieno a costruire telai. Nessuno di loro era andato al college. Condividevano la passione per la bicicletta. Altre personalità influenti che facevano parte dello stesso gruppo di amici erano Otis Guy, Larry Cragg, Wende Cragg e Alan Bonds. Nelle mani di quel circolo ristretto di ciclisti curiosi, la cruiser si trasformò nella mountain bike.

Nel corso degli anni si è speculato molto sul fatto che quei ragazzi costituissero una banda di hippy fannulloni e fumati con la passione della bici. Può anche darsi che usassero le loro prime cruiser per «prendersi cura dei campi di canapa a nord», come ha scritto Gary Fisher, e che fossero «un gruppo di persone che non erano obbligate ad andare al lavoro ogni dannato giorno», come ha dichiarato Charlie Kelly. Ma l'invenzione della mountain bike non fu un'avventura a fumetti dei *Favolosi Freak Brothers*. Fu dinamica.

Al centro della vicenda c'è il Repack, un sentiero polveroso e spesso scosceso che scende a precipizio (il dislivello è di 400 metri in poco più di 3 chilometri, con una pendenza media del 14 per cento) dal fianco del Monte Pine, un'altura ai piedi del Tamalpais, e termina nei dintorni di Fairfax. Quei giovani pionieri della mountain bike lo affrontavano da due anni, due anni durante i quali c'era una domanda di cui non riuscivano a liberarsi: chi di loro era il più veloce? Bisognava organizzare una gara. Il gruppo si diede appuntamento per il 21 ottobre 1976. Fu una prova cronometrata. I concorrenti partivano a intervalli di due minuti. Vinse Alan Bonds. Fu il solo a non schiantarsi. Ariel, il suo cane, arrivò secondo.

Le edizioni della competizione sono state solo venticinque, un numero straordinariamente basso se si considera la leggenda che hanno ispirato. L'ultima edizione si è tenuta nel 1984. A organizzare e pubblicizzare l'evento era Charlie Kelly. Joe Breeze ha vinto il maggior numero di edizioni. Gary Fisher detiene il record della corsa. Non più di duecentocinquanta persone in tutto hanno preso parte alla gara. Eppure il ruolo del Repack è stato cruciale.

Su un fondo di polvere e pietrisco, tra rocce nude e calanchi, solchi, radici e massi, a una velocità media di 40 chilometri all'ora, giù per pendenze che raggiungevano il 20 per cento, lungo curve a schiena d'asino, svolte cieche e tornanti stretti, la mountain bike crebbe e prese forma da un cumulo crescente di biciclette rotte.

«Portavamo sempre al limite la bici, su questo non c'è dubbio» mi dice Joe Breeze. In una tipica competizione al Repack le biciclette che si rompevano erano una mezza dozzina. I partecipanti tornavano a casa e si mettevano immediatamente al lavoro per riparare e modificare i loro mezzi, nella speranza di far meglio la volta successiva. Per alcuni di loro quest'attività di rabberciatura si trasformò nel lavoro di una vita. Oggi Joe Breeze guida un'azienda che produce biciclette «da trasporto»; Tom Ritchey e Gary Fisher hanno fondato marchi di biciclette vendute in tutto il mondo che portano i loro nomi.

Anche il nome del percorso di gara, Repack, cioè «re-imbottire», trae origine dalla riparazione delle biciclette. «A quei tempi i freni a contropedale, sai, quel tipo di freni che azioni pedalando all'indietro, erano i più popolari» mi racconta Charlie Kelly. «Imbottivi di grasso il mozzo del freno per renderlo scorrevole. Durante la gara il grasso si scaldava fino a bollire, e lasciava una scia di fumo nero dietro la bici. Quando arrivavi in fondo, i freni fischiavano così forte che dovevi andare a casa e *re-imbottire* di grasso quel mozzo».

Joe, Charlie e io stiamo spingendo le nostre bici su per il Repack in un mite pomeriggio di tarda estate. Il terreno è pieno di crepe per la siccità. La luce del sole illumina le nuvolette di polvere che i nostri scarponi sollevano mentre saliamo. Charlie spinge una Schwinn del 1941, la quintessenza del *clunker*. Joe ha una delle sue Breezer originali. Ne ha progettate e costruite dieci tra il 1977 e il 1978. Con il loro telaio a losanga in tubi d'acciaio aeronautico al cromo-molibdeno, i mozzi Phil Wood, le guarniture TA, i freni cantilever Dia-Compe e le forcelle unicrown in stile BMX, le Breezer furono le prime mountain bike realizzate appositamente per l'uso a cui erano destinate, una pietra miliare. Joe se n'è tenuta una. Le altre nove si trovano in collezioni private o musei. La mia bici è stata costruita da Joe alla fine degli anni Ottanta. Dal punto di vista tecnologico nulla da dire, ma possiede meno carattere rispetto alle loro.

«Sostenere che il passaggio da questo» dice Charlie, fermandosi per indicare con un ampio gesto della mano il suo *clunker* «a quella Breezer è un stato salto quantico, significa non dare il giusto valore ai salti quantici».

Charlie e Joe indossano vestiti uguali a quelli che usavano quando correvano il Repack trent'anni fa: scarponi, jeans Levi's,

camicie di denim e berretti. Joe ha anche un paio di guanti di pelle, ma è l'unica concessione a un abbigliamento protettivo.

«Diavolo, nessuno indossava mai un casco. Tutto sommato gli infortuni seri erano pochi. Un sacco di incidenti ma pochi infortuni. Io mi sono rotto questo». Con la bici agganciata al fianco, Charlie alza entrambe le mani come se stesse fermando il traffico. «Mano destra, mano sinistra. Vedi la grossa deformazione? Pollice rotto. È successo proprio lassù, all'Hamburger Helper, gran brutta curva».

«Che cosa successe?» chiedo. «Finisti con una mano per terra?»

«Macché, finii tutto per terra. E fu una botta molto, molto dura. Rimasi lì sdraiato per un po' perché non volevo scoprire che cosa mi fossi rotto, ma poi mi resi conto che se non mi spostavo in fretta qualcuno mi sarebbe passato sopra».

Una caratteristica delle corse sul Repack era lo spirito competitivo. Mentre giaceva nella polvere, probabilmente Charlie si ricordò delle parole che lui stesso ripeteva per caricarsi prima di una delle gare: «Se cadi e ti rompi qualche osso, aspetta la squadra di pronto soccorso, a meno che tu non stia ostruendo una buona traiettoria; nel qual caso prova a toglierti di mezzo trascinandoti di lato. Se vedi qualcuno a terra che sanguina lungo il percorso, fermati per aiutarlo, a meno che tu non stia facendo una gran bella discesa».

Mentre camminiamo, Charlie e Joe si fermano spesso per spiegarmi con grande verve come si affrontavano differenti tratti del percorso. Imparo le migliori traiettorie da tenere in curva («Qui stai all'interno, proprio sulla tangente alla corda»), i punti in cui alleggerire il peso e quelli in cui spingere sui pedali «per guadagnare un secondo prima di attaccarti di nuovo ai freni per la curva successiva». Benché siano passati trent'anni da quando affrontavano la discesa regolarmente, ne ricordano ogni roccia, radice e solco. All'epoca Joe aveva tracciato una mappa del percorso e una volta Charlie aveva scattato una foto ogni quindici metri come promemoria, così che durante la gara «eri totalmente sintonizzato sul momento presente».

Non abbiamo ancora raggiunto la cima del sentiero, dov'era posta la partenza della corsa, quando Charlie suggerisce di girarci e provare la discesa. Non è un uomo a cui diresti mai di no. Joe, che ha superato i cinquanta ed è un modello di perfetta forma fisica, non vede l'ora di lanciarsi. In pratica sta raspando il terreno con gli scarponi come un toro da combattimento. Si dà una rapida sistemata ai guanti, fa un respiro profondo e parte.

Non ci sono altri cerimoniali per la partenza di Charlie: solleva un grosso scarpone spingendolo sul suolo e si butta. Sento il ruggito delle gomme tassellate che mordono il terreno per mantenere aderenza sul fianco della montagna mentre i due precipitano fuori dalla mia vista. Mi riempio i polmoni con una boccata di aria tersa e luminosa. Lancio uno sguardo giù dal sentiero, oltre i cespugli di mirtillo e le querce velenose, al di là della valle, fino alle pendici coperte di boscaglia e coronate dalla vetta del Tamalpais (784 metri). Cerco di fotografare mentalmente il panorama: «Cima del Repack, agosto 2009. Pronto a lanciarmi».

Possiedo una mountain bike da oltre vent'anni. L'elenco delle alture e delle montagne che ho scalato pigiando sui pedali e disceso a tutta velocità comprende i colli del Brecon Beacons (dove ho cominciato ad andare in mountain bike), i Grampiani scozzesi, i Macgillycuddy's Reeks, il Karakorum, l'Hindukush, le Alpi, le Dolomiti, i monti della Snowdonia, la Catena delle Cascate, le Remarkables, la Grande Catena Divisoria, i Bukit Barisan, i

Ghati occidentali, il Kopet Dag, il Tien Shan, le montagne del Pamir, i Monti Zagros, il Jebel Libnan, l'Himalaya, le Alpi Dinariche e le alture del North Harris.

Una volta, alla vigilia di una tappa della coppa del mondo di mountain bike, fui inviato da un giornale a scrivere un articolo su un percorso di gara per la specialità downhill, all'ombra del Ben Nevis. Il compito di farmi da balia fu affidato a Stu Thomson, un campione nazionale di ventidue anni. Mentre salivamo con la cabinovia, Thomson mi raccontò di come l'ultimo giornalista (di un giornale concorrente) che aveva accompagnato fosse caduto alla prima curva e si fosse rifiutato di risalire in sella. Chissà se i giornalisti erano tutti delle mammole, si chiedeva Thomson. Mi lasciai prendere dalla rivalità professionale e gli sciorinai l'elenco delle montagne che avevo affrontato su due ruote.

Anch'io caddi alla prima curva. «È favoloso» stavo pensando un momento prima. Dall'alto del canalone il mio sguardo poteva spaziare per chilometri, oltre il dito ricurvo del Loch Eil, fino all'Atlantico. Non avevo terminato di formulare quel pensiero che il mio coccige rimbalzava su un masso.

Quando raggiunsi Thomson, avevo baciato il granito scozzese altre due volte; avevo la faccia contratta in un rictus, il sangue pieno d'adrenalina, botte su parti del corpo di cui avevo scordato l'esistenza, le mani insensibili, ero terrorizzato e sul punto di vomitare. «Te ti aggrappi ai freni» mi disse lui. «Puoi mica aggrapparti ai freni. Puoi mica avere dubbi».

Charlie e Joe sono spariti da un pezzo. La montagna è silenziosa. Non ho dubbi. Punto la bici sulla linea di massima pendenza, mollo i freni, monto sui pedali. Dopo pochi secondi vengo giù come un sasso. In vista della prima curva do qualche colpetto ai freni. La bici sobbalza come un uomo morente che riceve una scarica di elettricità nel cuore. Non esistono foto o filmati delle gare sul Repack che diano anche solo lontanamente un'idea dell'eccitazione che si prova. Si va molto veloci. Alla seconda o terza curva secca mi stanno aspettando.

«Pericolosetto, eh?» mi fa Charlie. Gli chiedo se «ai bei tempi» faceva paura.

«Faceva sempre paura» mi risponde Charlie, «ma era per quello che lo si faceva, giusto? Se fosse stato sicuro... non sarebbe stato divertente».

Gli occhi di Joe rivelano quanto si stia divertendo. Parte di nuovo. Charlie e io ci lanciamo dietro di lui rombando. Giungiamo a una stretta curva a sinistra, in contropendenza e con un grosso strapiombo oltre il lato destro del sentiero, che si chiama «Tripple Ripple» («Tripla Ondulazione»). Come in un circuito automobilistico, molti dei punti salienti del percorso hanno dei nomi. Abbiamo già oltrepassato il «Poggio dei Curiosoni», la «Curva della Telecamera», l'«Albero di Breeze» (dove una volta finì la sua corsa Joe) e «La faccia di Vendetti», dove «Vendetti lasciò un bel pezzo di faccia» mi spiega Charlie.

Quando arriviamo al primo grande tornante, chiedo delle curve percorse in stile speedway che ho visto in alcune vecchie riprese nel film *Klunkerz*. Spiega Joe: «Con i vecchi freni, i freni a tamburo, che era un po' come non avere i freni, quando entravi in curva facevi strisciare la bici per ridurre un pelo la velocità. Entravi in curva, spostavi il peso, buttavi fuori il posteriore e ti mettevi di traverso. A quel punto la ruota anteriore sta ancora girando e così riesci a tenere la linea. Il piede interno è giù, l'altro piede è sul pedale. E se sei davvero bravo, non hai le mani sui freni».

La maggior parte delle gare al Repack si tennero tra il 1976 e il 1979. «Non ci furono mai delle date prefissate. Era una cosa che facevamo quando ci veniva voglia di farla» mi dice Charlie. Le corse si interruppero quando Charlie smise di organizzarle. Nel 1979 una troupe televisiva venne a riprendere l'evento; un partecipante cadde e si ruppe un braccio; fece causa alla televisione e perse; la copertura del Repack era saltata; adesso l'ente pubblico che aveva la proprietà del terreno era a conoscenza delle gare; nessuno voleva prendersi la responsabilità di organizzare una competizione in cui la gente veniva querelata.

Come le migliori stelle del rock, il Repack morì giovane. Ma il lavoro era ormai compiuto. Grazie allo scambio di idee tra i corridori, e ai danni che il percorso infliggeva alle biciclette, era nata la Breezer, la prima bicicletta realizzata appositamente per essere una mountain bike. E nella contea di Marin c'erano molte altre piccole imprese a conduzione familiare che stavano costruendo delle mountain bike. Il Repack aveva fatto pubblicità alla mountain bike, creando un nuovo mercato. Il divertimento era finito. Era il momento del business.

Siamo quasi giunti all'arrivo. «A questo punto stavi volando sui tuoi venticinque chili di ferraglia» mi dice Charlie.

Il freno a contropedale surriscaldato ululava. C'erano rocce che spuntavano qua e là dal sentiero. Cercavi soltanto di tenere la traiettoria nell'ultima curva per fiondarti oltre il masso che indicava la linea d'arrivo. Spesso era a questo punto che la concentrazione ti abbandonava. E se non ti abbandonava, la tentazione di non bloccare i freni e metterti completamente di traverso per finire con una grande derapata alla Franz Klammer era troppo forte.

Negli occhi di Joe si accende di nuovo un lampo d'energia. Balza sui pedali e parte a razzo. Mentre io e Charlie percorriamo l'ultima curva e vediamo comparire il masso, una gran nuvola di polvere si alza verso di noi, accompagnata da un rumore di denim che striscia sul terreno. Joe ha provato una derapata alla Franz Klammer ed è finito a gambe all'aria. Charlie sta già ridendo quando appoggia la bici per terra.

«Scusa ma prima mi sembrava di averti spiegato come si fa, o no? Eccome se te l'ho spiegato» dice sghignazzando, mentre si tira su i jeans e indica Joe che, piegato in due, barcolla tenendosi la pancia e ride anche lui come un matto.

Lo schema di raggiatura di una ruota è determinato dal numero di volte in cui ciascun raggio incrocia i raggi adiacenti nel suo percorso dal mozzo al cerchio. Nel caso di una raggiatura radiale non ci sono incroci: i raggi vanno dalle flange – i bordi sollevati del mozzo in cui ci sono i fori di alloggiamento – al cerchio seguendo la linea più breve. Nel caso di una raggiatura incrociata o tangenziale, i raggi si dipartono dalla flangia con un'inclinazione più o meno grande: tra il mozzo e il cerchio, ciascun raggio può incrociare uno, due, tre o persino quattro raggi diversi. In generale, quante più volte i raggi si incrociano, tanto più si tendono a vicenda, e tanto più la ruota è robusta.

Perciò, una bicicletta da cicloturismo carica di bagagli e usata da un omone sulle strade sterrate del Sudamerica avrà raggi che si incrociano tre o anche quattro volte sia sulla ruota anteriore sia su quella posteriore: il solo fattore che interessa al cicloturista è la durevolezza. All'estremità opposta del ventaglio di possibilità, una bicicletta da corsa superleggera usata in gara da Nicole Cooke avrà molto probabilmente la ruota anteriore con raggiatura radiale e la ruota posteriore con raggi che si incrociano due volte sul lato dei pignoni e raggi disposti radialmente sul lato opposto: a Nicole interessano il peso e l'aerodinamica.

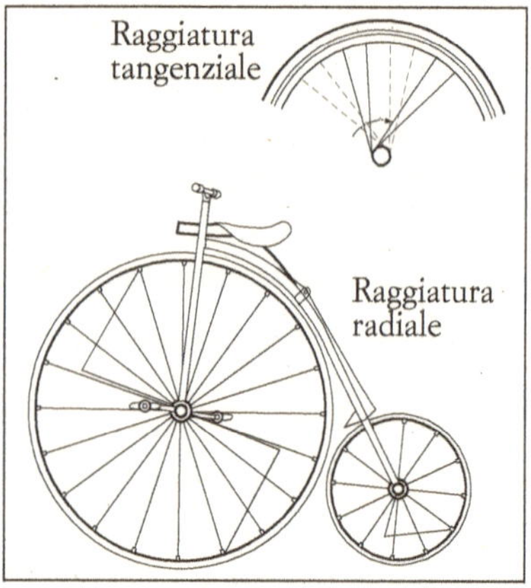

La ragione per cui la raggiatura della ruota posteriore sul lato dei pignoni dovrebbe essere incrociata, è che una raggiatura radiale non può trasferire il momento torcente, una coppia di forze che produce una torsione invece che una spinta o una trazione. Quando si pedala, la catena applica una coppia di forze al mozzo, sottoponendolo a una torsione rispetto al cerchio: per trasferire questo momento torcente alla ruota, e muoversi in avanti, è necessario avere (o almeno è molto meglio avere) raggi incrociati sul lato dei pignoni.

Esistono raggiature più complicate, come quelle a zampa di gallina (una combinazione di raggi incrociati e radiali), a merletto, a fiocco di neve e radiali disassate. Alcune sono magnifiche, ma non offrono alcun vantaggio pratico rispetto alle normali raggiature incrociate. Sono solo un modo per abbellire il proprio mezzo.

Gravy vuole costruire le mie ruote con incroci «in terza», ovvero con raggi che si incrociano tre volte. Per essere sicuro che ciò sia possibile, deve prima misurare il diametro interno del cerchio, lo spessore del cerchio in corrispondenza del foro per il nipplo (ci si immagina che queste siano dimensioni standard, ma Gravy mi spiega che possono variare da un'«estrusione» all'altra, ovvero da un lotto di cerchi all'altro), la lunghezza del mozzo, la distanza tra il lato esterno della flangia e l'estremità del mozzo e il diametro della flangia (misurato dal centro di un foro per l'alloggiamento del raggio al centro del foro opposto). Inserisce i dati in un programma di calcolo che si trova sul sito web della Sapim.

Prima dell'avvento dei computer, Gravy faceva i calcoli usando delle tavole numeriche. Ricavare l'esatta lunghezza dei raggi è importante perché il passo successivo sarà tagliare i raggi a quella lunghezza e filettarli di nuovo usando la vecchia e fidata taglierina Phil Wood, una macchina grigia e compatta che si aziona a mano e sta in un angolo dell'officina. Se il taglio verrà effettuato alla lunghezza esatta, il nipplo si avviterà per tutta la sua lunghezza sul filetto e i raggi saranno meno soggetti a rompersi. Credo che non si possa chiedere a un macchinario che assembla ruote di fare tutto questo.

Plin! Sullo schermo del computer appare la lunghezza dei raggi. «Okay. Il PC dice che possiamo montare su tutte e due le ruote raggi con incrocio in terza. Tre urrà per il vostro mister Starley».

James Starley è il più grande inventore britannico di cui abbiate mai sentito parlare. È un colosso in quel gruppo ristretto di

imprenditori e fabbricanti autodidatti grazie ai quali l'industrializzazione della Gran Bretagna fu una *rivoluzione*. Secondo lo storico del ciclismo Andrew Ritchie, fu «probabilmente il genio più dinamico e creativo nella storia della tecnologia ciclistica».

Starley nacque nel 1831 da una famiglia di braccianti agricoli che lavoravano in una fattoria del Sussex. A quindici anni lasciò un biglietto sul tavolo di cucina («Cara mamma mi spiace non ce la faccio più vado a Londra scriverò presto Jim») e scappò di casa. A quanto pare aveva una tale fretta che non trovò il tempo per la punteggiatura. La sua testa fu una fucina di idee di meccanica perfino in giovane età. Mentre lavorava come giardiniere nel sobborgo londinese di Lewisham, la sua naturale attitudine a riparare orologi, macchine da cucire e altri congegni, nonché a inventarne di nuovi, attrasse l'attenzione dell'eminente ingegnere marittimo John Penn.

Penn presentò Starley a un uomo d'affari di nome Josiah Turner e nel 1857 i due si trasferirono a Coventry, il tradizionale centro dell'industria orologiera britannica. Il fatto che due imprenditori lasciassero Londra alla volta di Coventry per fare fortuna è molto significativo per comprendere quell'epoca. Starley e Turner fondarono la Coventry Sewing Machine Company e Starley inventò e brevettò molti tipi di macchine per cucire (alcune delle sue innovazioni sono in uso ancora oggi), prima che il nipote di Turner tornasse da Parigi nel 1868 portando con sé un velocipede, la forma primitiva di bicicletta che all'epoca stava causando un gran fermento in Francia.

Nella sua autobiografia, Edward Ward Cooper, un dipendente della ditta, descrisse l'arrivo, «nei sacri recinti degli uffici, di una 'cosa' che veniva dalla Francia [...]. Ci facemmo tutti intorno: il signor Turner, il nostro direttore, 'Ole Starley', il genio della meccanica, io e alcuni dirigenti intimoriti [...]. La cosa stava lì; nessuno si arrischiava a toccarla». Fu Starley a rompere l'incantesimo. La sollevò e disse che pesava troppo.

Il velocipede (o «biciclo», come cominciava a essere chiamato il veicolo) trovò terreno fertile in Gran Bretagna, paese con una forte tradizione metallurgica. Ciononostante, la decisione di Starley e Turner di dedicare i propri sforzi a un'industria nascente fu audace. Nelle mani di Starley non ci volle molto perché al rozzo «scuotiossa» francese fossero apportati dei miglioramenti. Nel 1870 Starley brevettò (insieme a William Hillman, il cui nome continuò a vivere nell'industria automobilistica) il biciclo Ariel, completamente in metallo. Quello stesso anno la Francia entrò in guerra contro la Prussia e la produzione di biciclette sull'altra sponda della Manica si interruppe. L'Ariel segna l'inizio effettivo della manifattura di biciclette in Gran Bretagna. Pose il paese all'avanguardia della tecnologia ciclistica per mezzo secolo e valse a Starley il titolo di «padre dell'industria della bicicletta».

«Per dimostrare alla confraternita dei ciclisti le qualità del nuovo biciclo», come recitava un resoconto contemporaneo del 1871, Starley e Hillman andarono da Londra a Coventry a bordo di due Ariel, in un giorno. «Montarono sulle loro macchine al sorgere del sole» e, «pedalando intrepidi, raggiunsero la residenza del signor Starley proprio mentre le campane di San Michele battevano l'ora [della mezzanotte]». Fu un'impresa straordinaria: 155 chilometri su strade primitive. Starley aveva quarantun anni e pesava 90 chili. I due uomini non si alzarono dal letto per tre giorni, ma la storica pedalata attrasse l'interesse del pubblico.

L'Ariel venne pubblicizzato come «il più leggero, robusto ed elegante dei velocipedi moderni». Non era un'iperbole. Il nome stesso – forse frutto di un gioco di parole con *aerial*, o forse preso a prestito dallo spiritello della *Tempesta* shakespeariana – evoca un'idea di agilità flessuosa. L'Ariel fu messo in vendita nel 1871, a un prezzo di 8 sterline per il modello più economico. Uno dei primi acquirenti fu il famoso corridore ciclista James Moore.

L'Ariel divenne rapidamente il punto di riferimento per la nouvelle vague di bicicli *high-wheeler* o *ordinary*. Il suo telaio tubolare in acciaio, i cuscinetti migliorati, lo sterzo con perno centrale, le pedivelle scanalate, la presenza di un freno, le coperture dei cerchi in gomma piena e il predellino posteriore per issarsi in sella divennero tutte caratteristiche standard del biciclo che si evolveva. Ma ci fu un'innovazione in particolare che fece dell'Ariel una pietra miliare nella storia della bicicletta: la ruota anteriore.

La ruota è una delle più grandi invenzioni dell'umanità. La sua storia è la storia della civiltà. Anche se è probabile che il trasporto su ruote sia stato inventato prima, possiamo datare il più antico veicolo a ruote conosciuto, scoperto nella Mesopotamia meridionale (l'attuale Iraq), attorno al 3200 a.C. Le sue ruote erano dischi di legno pieno con un foro al centro attraverso

cui passava un asse. Per arrivare al successivo stadio evolutivo ci vollero circa 1500 anni, quando alcuni abili falegnami egizi impararono a costruire ruote dotate di raggi che rendevano i loro carri più leggeri e veloci. Da allora fino all'inizio del diciannovesimo secolo l'evoluzione della ruota rimase pressoché ferma. Naturalmente i costruttori di carri perfezionarono la loro arte e ci fu uno sviluppo dei materiali, ma dal punto di vista strutturale la ruota rimase immutata. Nella nostra epoca, in cui i progressi tecnologici sono all'ordine del giorno, sembra incredibile che un dispositivo tanto fondamentale sia potuto rimanere sostanzialmente inalterato per un tempo così lungo.

I primi segnali di un'evoluzione si manifestarono tre millenni più tardi, nel 1802, quando fu brevettato il raggio in tensione. Nel 1826 venne brevettata una ruota con raggi di ferro, e per tutto il diciannovesimo secolo i carradori provarono a sostituire i raggi di legno con raggi metallici, ma senza successo. Il parigino Eugène Meyer, costruttore di cicli e artigiano provetto, fu probabilmente il primo, nel 1869, a realizzare una ruota a sospensione o «tensionata» per bicicletta che funzionava decentemente grazie alla possibilità di regolare la tensione dei singoli raggi. Ma ci volle un uomo geniale e visionario come James Starley per comprendere le potenzialità di questo tipo di ruota e metterla in produzione. La «ruota con leva di tensionamento», che era montata su tutti i bicicli Ariel, cambiò per sempre la bicicletta.

La ruota in legno con raggi rigidi aveva fornito un buon servizio all'umanità. Alla fine degli anni Sessanta dell'Ottocento la tecnica con cui la si costruiva era grossomodo la stessa che si utilizzava da millenni: alcuni raggi rigidi venivano fissati a un cerchio di legno e serrati tramite una fascia di ferro (il cerchione) scaldata che, raffreddandosi, si restringeva.

Il funzionamento era semplice: il suolo preme sul cerchio, che preme sul raggio, che preme sul mozzo. Il mozzo, a sua volta, preme sul raggio. Si dice che il raggio è *in compressione* sotto carico, perché le sue estremità sono premute una verso l'altra. A veicolo fermo, si potevano tagliare tutti i raggi, esclusi quelli che si trovavano più in basso, senza che la ruota cedesse; gli spessi e pesanti raggi di legno rimasti erano sufficientemente robusti per reggere il peso.

La ruota tensionata funziona in modo diverso: quando la si costruisce, i suoi raggi metallici vengono tesi con forza. In tal modo tutti i raggi esercitano simultaneamente una trazione sul mozzo. Ma poiché queste forze di trazione si equilibrano a vicenda, cerchio e mozzo restano in posizione. Perciò tutti i raggi contribuiscono sempre a sostenere il mozzo, che a tutti gli effetti risulta «appeso» alla parte superiore del cerchio invece di essere sostenuto solamente dai raggi che si trovano in basso. Quando si applica un carico – per esempio quando si sale su una bicicletta – il terreno preme sul cerchio che a sua volta preme sui raggi posti più in basso, ma la tensione già presente in quei raggi *diminuisce*: i raggi sono meno tesi, più laschi, mentre la tensione degli altri raggi non cambia. In questo caso, se tagliassimo tutti i raggi di un veicolo fermo tranne quelli che si trovano più in basso, la ruota cederebbe; pochi raggi sottili e leggeri non sono assolutamente in grado di sostenere il carico.

Il primo vantaggio della ruota tensionata era la comodità: i raggi metallici pretensionati agiscono in parte come una sospensione. I raggi in tensione assorbono i colpi della strada molto meglio dei raggi rigidi. Ma il vantaggio più importante era il risparmio di peso che, come abbiamo visto, è fondamentale nelle ruote. Pensate al peso che potete appendere a un unico raggio in metallo; poi pensate al raggio di legno che dovreste porre sotto quel peso per sostenerlo.

La «ruota con leva di tensionamento» e raggiatura radiale di Starley e Hillman sostituì una volta per tutte la ruota di legno con raggi spessi e rigidi. L'Ariel pesava circa un terzo dei velocipedi con ruote di legno che l'avevano preceduto. Oltretutto questa ruota innovativa era così resistente e leggera che se ne potevano aumentare le dimensioni. Costruire ruote di legno robuste e affidabili con un diametro superiore a un metro era semplicemente impossibile, ma la ruota in tensione divenne sempre più grande, inaugurando quell'epoca del biciclo *high-wheeler* o *ordinary* che fu il diretto predecessore della *safety bicycle* con trasmissione a catena sulla ruota posteriore.

I bicicli *high-wheeler* non avevano rapporti variabili: erano a trasmissione diretta, e questo significava che la ruota anteriore compiva un giro completo per ogni colpo di pedale. Il modo più semplice per «allungare il rapporto» di un biciclo era aumentare le dimensioni della ruota motrice. Perciò adesso era la lunghezza interna della gamba del ciclista a fissare un limite superiore; la ruota anteriore del modello di *high-wheeler* più venduto aveva un diametro di un metro e mezzo. Ma questo non era un limite assoluto: con l'introduzione di nuovi materiali, le dimensioni delle ruote tensionate non hanno mai smesso di crescere. Il London Eye, la ruota panoramica che di recente ha arricchito lo skyline londinese, altro non è che un'enorme ruota di bicicletta con raggi in tensione.

Starley continuò a compiere esperimenti con la tecnologia dei raggi. Nel 1874 i suoi sforzi culminarono nella realizzazione di una «ruota a raggi tangenti», la cui struttura è identica a quella delle ruote che Gravy sta costruendo per me. Fu il più grande risultato ottenuto da Starley. Per quanto riguarda il sostegno del carico, la ruota a raggi tangenti si basava sugli stessi princìpi della ruota tensionata con raggiatura radiale, ma l'incrocio dei raggi la rendeva più robusta e permetteva di trasferire in modo più efficiente la forza motrice dai pedali al cerchio. I raggi erano inclinati; raggi adiacenti avevano angoli d'inclinazione quasi identici ma opposti; questi angoli di tangenza opposti si controbilanciavano reciprocamente; intrecciandosi, i raggi producevano una struttura più robusta; era possibile agire sulla tensione di ciascun raggio singolarmente e ciò permetteva di centrare facilmente la ruota sia in senso radiale (cerchio di forma perfettamente circolare) sia in senso laterale (lati del cerchio perfettamente diritti e allineati, tali da non produrre pencolamenti).

Starley continuò a introdurre innovazioni, progettando un popolare triciclo con trasmissione a catena e rapporti variabili e il magistrale quadriciclo Salvo, che incantò la regina Vittoria. Morì a Coventry il 17 giugno 1881.

Quasi tutte le ruote di bicicletta realizzate dal 1874 a oggi sono state costruite usando il metodo della raggiatura tangenziale. L'innovazione sarebbe stata adottata, tra l'altro, dalle industrie motociclistica, automobilistica e aeronautica. E rimane, a oggi, il miglior metodo per costruire ruote di bicicletta.

Oggi sappiamo che quella del biciclo *high-wheeler* o *ordinary* (solo alla fine degli anni Ottanta dell'Ottocento, quando la sua popolarità era ormai in declino, divenne noto con il nome di *penny-farthing*) fu una moda passeggera che portò la bicicletta a un vicolo cieco tecnologico. Ebbe tuttavia due conseguenze sociali importanti.

L'espansione della rete ferroviaria sul territorio britannico negli anni Quaranta aveva affossato il business del trasporto in diligenza, causando l'abbandono di un sistema di strade a pedaggio che un tempo era stato eccellente. L'opera pionieristica di Thomas Telfort, il gigante dell'ingegneria civile noto come «il colosso delle strade», e di John McAdam, che inventò il primo sistema moderno di pavimentazione stradale, era solo un lontano ricordo. Negli anni Settanta dell'Ottocento le strade erano addirittura in condizioni peggiori di quanto non fossero state all'inizio del secolo. Grosse pietre affioranti, fango e solchi profondi erano la norma, e per i ciclisti gli incidenti erano all'ordine del giorno. Come scrisse il conte di Albemarle, presidente dell'Unione ciclistica nazionale: «L'unico ostacolo che io conosca a una diffusione universale del ciclismo in questo paese è il fatto che anno dopo anno in molte parti dell'Inghilterra le strade diventano sempre peggiori».

I giovanotti atletici e coraggiosi che usavano gli *high-wheelers* formavano dei club con capitani, uniformi, distintivi e trombettieri. Questi ultimi avevano il compito di salvaguardare i soci dalle buche stradali: il trombettiere precedeva il gruppo e quando s'imbatteva in un cratere suonava l'allarme. I circoli ciclistici promuovevano anche campagne per il miglioramento delle strade. A metà degli anni Ottanta la più grande di queste associazioni, il Cyclist Touring Club, contava ventimila membri. Era una vera potenza e grazie a essa la bicicletta divenne un fattore importante per la rinascita dell'idea che quella delle strade fosse una questione nazionale.

Nell'America degli anni Settanta le strade erano, se possibile, in condizioni ancora peggiori. Ridotte a pantani in primavera e a piste polverose in estate, le strade americane erano note col nome di «scuotibudella». Per il colonnello Albert A. Pope, che cominciò a produrre i bicicli *high-wheeler* Columbia nel 1878, il miglioramento delle strade era l'elemento chiave.

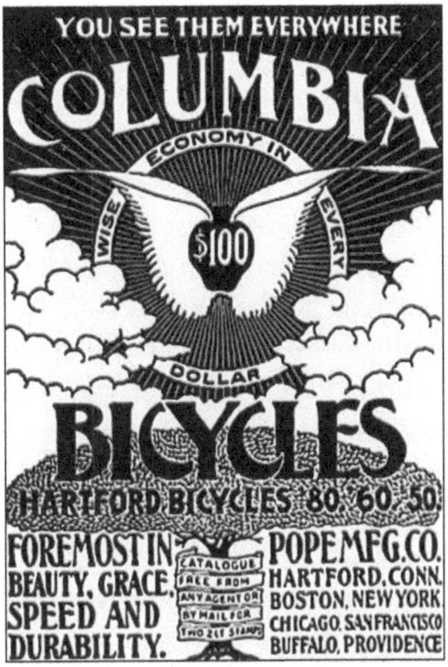

Pope si occupò della bicicletta in tutti i suoi aspetti. Istituì un'esposizione commerciale annuale, organizzò competizioni e finanziò azioni legali contro le normative locali che danneggiavano i ciclisti. Fondò la rivista *The Wheelman* e la distribuì gratuitamente. Stimolò la corporazione dei medici a scrivere articoli favorevoli al ciclismo offrendo premi in denaro. Ma la sua iniziativa più significativa fu capeggiare l'influente Good Roads Movement, che si batteva per il miglioramento delle strade americane. Pope fece pavimentare con macadam catramato un quartiere del centro di Boston per dimostrare quanto potessero essere lisce le strade, istituì un corso di costruzioni stradali al Massachusetts Institute of Technology e nel 1880 lanciò la League of American Wheelmen, la lega dei ciclisti americani, un'organizzazione che si unì immediatamente alla richiesta di strade migliori.

Sembra che sia stata proprio la crescente idoneità degli *high-wheelers* ad affrontare le strade negli anni Ottanta ad aprire la mente di molti giovani gentiluomini sulla possibilità di usare quel veicolo per viaggiare, proprio come la mountain bike avrebbe fatto di nuovo un secolo dopo. C. Wheaton, un fabbricante londinese di Covent Garden, pubblicava una «Mappa delle Isole Britanniche per Turisti in Bicicletta» e offriva biciclette a nolo per un mese. Interi circoli ciclistici partivano per visitare la Francia dove, dalla metà del decennio precedente, l'industria della bicicletta aveva ripreso a prosperare. Nel 1875 Albert Laumaillé percorse 1127 chilometri su un biciclo Coventry Machinist con ruota anteriore da 54 pollici per andare da Parigi a Vienna. Nel 1882 il fortissimo ciclista dilettante Ion Keith Falconer, un aristocratico e missionario scozzese, attraversò la Gran Bretagna da sud a nord, coprendo i 1600 chilometri che separavano Land's End da John o'Groats in tredici giorni.

Il 22 aprile 1884 Thomas Stevens, un inglese emigrato in America, partì dalla baia di San Francisco a bordo di un *high-wheeler* Columbia Standard con ruota anteriore da 50 pollici e fece il giro del mondo. Ci impiegò tre anni. Attraversò pedalando l'Inghilterra, l'Europa continentale, i Balcani, la Turchia, l'Iraq e l'Iran, dove passò l'inverno ospite dello scià. Espulso dall'Afghanistan, salì su una nave che da Istanbul lo portò a Karachi. Da lì pedalò lungo la Grand Trunk Road fino a Calcutta e poi attraverso la Cina e il Giappone, prima di imbarcarsi su un piroscafo che lo riportò a San Francisco.

«Distanza effettiva coperta in sella» annotò, «13.500 miglia (21.700 chilometri) circa».

Attraversando gli Stati Uniti per «diffondere il messaggio», come dichiarò, Stevens seguì piste usate dalle carovane dei pionieri, ferrovie, alzaie e le poche strade pubbliche esistenti. A ovest del Mississippi non ce n'erano. Per almeno un terzo del percorso, valicando montagne e superando deserti, Stevens trascinò, spinse e portò in spalla i 34 chili del suo *high-wheeler.* Fu preso a fucilate dai cowboy, inseguito dai coyote e, per evitare di essere investito da un treno, compì l'impresa memorabile di rimanere appeso a un ponte ferroviario in bilico sopra un burrone, reggendosi con una mano mentre con l'altra teneva il suo biciclo.

L'inconveniente dell'*high-wheeler* era dato dai pericoli connessi al suo uso. La sella era situata in posizione precaria in cima alla ruota anteriore; il veicolo tendeva a cadere in avanti al minimo ostacolo incontrato sulla strada, facendo precipitare il ciclista a testa in giù; non aveva freni degni di questo nome. Gli incidenti erano così frequenti che furono inventate nuove espressioni per descriverli. Chi veniva proiettato oltre la ruota anteriore del suo biciclo, «prendeva un colpo di testa» (*took a header*), riceveva «un'incoronazione imperiale» (*an imperial crowner*) o «finiva a rotoloni» (*came a cropper*). I veicoli furono soprannominati «fabbrica-vedove». Le donne non usavano gli *high-wheelers*; né li usavano i ragazzini o gli anziani, e nemmeno i giovanotti bassi o poco atletici. Il veicolo era ben lungi dall'essere un «cavallo della gente comune», la forma di trasporto pratica e popolare che la società agognava sempre più.

Alla fine, la *safety bicycle* rese rapidamente obsoleto l'*high-wheeler.* La reputazione duratura di quest'ultimo è sproporzionata rispetto al ruolo che ebbe nella storia della bicicletta. Questa reputazione è dovuta in parte al fatto che l'*high-wheeler* è diventato un simbolo dell'epoca vittoriana e in parte alla sua forma curiosa. Ci ha lasciato però un metodo per calcolare lo sviluppo dei rapporti (si veda l'Appendice) e, più significativamente, l'austera purezza della ruota a raggi tangenti di James Starley.

Quando tutti i raggi sono stati tagliati e rifilettati (operazioni compiute a mano, usando un'apposita taglierina) e dopo che sono stati lavati, sgrassati e asciugati, Gravy applica un «preparato per raggi» ai filetti. Posa in bell'ordine i suoi utensili e i componenti della ruota sul banco di lavoro e tira fuori uno sgabello. Si infila in testa un grembiule nero con la scritta «Sapim», lo allaccia, si siede e ricontrolla ogni cosa. Si sta preparando, come un vasaio che si appresta a modellare una scodella.

«Costruire una ruota produce uno stato di grazia. Ha una natura zen... è un'attività molto meditativa» mi dice Gravy. «Il risultato è una ruota realizzata al meglio delle tue possibilità. Se ci sono delle imperfezioni sulla superficie dell'acciaio, se cerchi di togliere un micron a un'estremità e combini un pasticcio, non va bene. Come Michelangelo che mescola i colori, se non li hai mescolati nel modo giusto la prima volta, ricominci daccapo».

Detto questo, Gravy smette di parlare. Infila i raggi nei fori delle flange del mozzo anteriore, uno alla volta. Ogni tanto raccoglie in una mano i raggi che si trovano su un lato del mozzo e li scosta con un gesto rapido, come qualcuno che si lega i capelli all'indietro. Quando ha allineato l'etichetta sul mozzo con quella sul cerchio – un tocco d'eleganza – inserisce il primo raggio nel foro del cerchio più vicino alla valvola e lo fissa con un nipplo blu. Tutti gli altri nippli sono grigi: quello blu è un sussidio visivo e la firma di Gravy. Sistema un raggio ogni tre buchi, completando un giro del cerchio. Poi capovolge la ruota e allaccia una seconda serie di raggi. Dopo pochi minuti la struttura della ruota comincia a emergere. Gravy inserisce gli ultimi nippli avvitandoli con un attrezzo fatto in casa.

La raggiatura della ruota è terminata. Se non l'avessi visto con i miei occhi non avrei creduto che si potesse eseguire tanto rapidamente. Gravy fa una pausa per ispezionare la disposizione dei raggi: «Quando seguivo le gare come serrabulloni, i meccanici di diverse squadre professionistiche si riunivano per sfidarsi. Le chiamavamo corse coi raggi».

Gravy monta la ruota sul centraruote, uno strumento fondamentale per il suo lavoro che serve a verificare la centratura laterale della ruota, oltre che la sua concentricità. Con una speciale chiave chiamata tiraraggi, compie una prima «passata» tendendo ogni raggio di un paio di giri, ritornando al punto dove ha iniziato e portando lentamente i raggi a una tensione uniforme.

È una procedura deliziosa da osservare. Gravy lavora con lentezza e precisione, eppure le cose accadono in fretta. Le varie parti trovano comodamente posto nelle sue grandi mani. C'è armonia nel modo in cui si muove il tiraraggi. Non sbatte mai contro il cerchio, il mozzo o in qualcuno dei raggi ancora allentati. Ondeggia nell'aria come se fosse un'appendice della mano di Gravy. Mi rendo conto che sto osservando un uomo mentre fa ciò in cui è un maestro, ed esserne testimoni è di per sé un privilegio.

Ho visto abili meccanici di biciclette applicare la loro magia godendomi in anticipo il piacere visivo che ne avrei tratto. Non mi aspettavo che la costruzione di una ruota fosse una festa anche per le orecchie. Il fruscio metallico dei raggi raccolti nella mano, il tintinnio di un raggio quando il suo gomito si alloggia nella flangia, il sussurro dei nippli che si muovono sul banco di lavoro, il ronzio del tiraraggi che serra i nippli, il sibilo del mozzo che penzola dai raggi ancora allentati. Plin, din, tin, tlin, ding, clang: mentre Gravy lavora in silenzio, il locale si riempie della melodia centenaria di una ruota che prende forma. E questo non è che l'*Allegro* che apre la sinfonia. Quando cominciano ad andare in tensione, i raggi emettono note metalliche, cambiando tonalità a ogni passata che Gravy completa attorno alla ruota.

«A volte penso che potrei farlo con una benda sugli occhi» mi dice Gravy mentre si alza dallo sgabello e si stiracchia. Non stento a crederlo. Una volta ho letto qualcosa su A.G. Duckett & Son, un negozio di biciclette a conduzione familiare di East London. Negli anni Cinquanta del secolo scorso – un periodo in cui la maggior parte dei venditori di biciclette costruiva le ruote per i propri clienti – quel negozio era famoso per la qualità del suo lavoro. Benché avesse la vista compromessa a causa di una lesione subita durante la seconda guerra mondiale, Albert Duckett completava personalmente le ruote servendosi solo del tatto e dell'udito.

Lavorando a pieno regime, Gravy può costruire cento ruote in una settimana. Io ne ho costruita una. Mi trovavo sulle Alpi piemontesi. Mentre scendevo da una strada di montagna su una bici carica di sacche portabagagli, il cerchio della ruota posteriore cedette su un lato. Era un sabato pomeriggio inoltrato quando mi fiondai dentro un negozio di biciclette ad Aosta. L'uomo anziano che costruiva le ruote non lavorava di sabato. La domenica il negozio sarebbe rimasto chiuso. Uno dei tre giovani meccanici avrebbe potuto fare un tentativo, ma il sabato sera incombeva. Non ero certo se fosse il sapore di una birra fresca, il profumo dei ravioli della mamma o il tocco della pelle di una ragazza ad accendere i loro occhi di desiderio, ma sicuramente non avrebbero fatto gli straordinari per rimettermi a nuovo la ruota.

Se non altro mi vendettero un cerchio nuovo a prezzo scontato. Mi sedetti su una panchina in una piazza sotto le mura romane della città e mi misi all'opera. Avevo con me degli appunti che avevo preso due anni prima in Malesia, a Penang. Anche lì la mia ruota posteriore aveva ceduto. Avevo scritto quelle note mentre osservavo Abar, un anziano malese di etnia cinese con una pelle color mogano che sembrava di cuoio conciato, costruirmi una ruota. Usando un misto di pidgin, malese, cantonese, linguaggio dei segni e aiutandosi con dei disegni, Abar era riuscito a comunicarmi i rudimenti tecnici della sua arte. La sera, sotto l'arco in stucco della sua bottega, mangiammo satay kebab, riso al latte di cocco e mangostani presi dai carretti dei venditori ambulanti di passaggio. Quando mi alzai per andarmene, Abar mi diede dei colpetti sulla tasca in cui avevo avvolto con cura i miei appunti. Ebbi la sensazione che mi stesse passando una formula magica.

Seduto su una panchina ad Aosta, sembrava più una maledizione. Non riuscivo a disporre i raggi nel giusto ordine. Per due volte avevo quasi completato la raggiatura della ruota e per due volte ero stato costretto a disfare tutto. Mentre la luce del giorno cominciava a scemare, feci un terzo tentativo. Funzionò. Ogni raggio trovò il suo foro. La struttura dell'incrocio in terza era uniforme. Centrai lateralmente la ruota come meglio potevo, usando i pattini dei freni come un centraruote di fortuna. Era il lavoro di un dilettante, ma mi sentivo euforico. Rimisi le sacche sulla bici e partii in direzione del passo del Gran San Bernardo. Il giorno dopo, lungo i 40 chilometri di discesa che mi portarono a Martigny, in Svizzera, la ruota resse. E, benché mi richiedesse attenzioni quasi quotidiane, mi riportò a casa.

Ho ancora gli appunti di Abar. Li ho ritrovati di recente, ripiegati con cura nel retrocopertina della mia malridotta edizione del 1994 del *Richards' Bicycle Repair Manual.* L'inchiostro sul verso del foglio si è impregnato d'acqua e ci sono delle chiazze che potrebbero essere di satay kebab, ma le istruzioni sono leggibili: (1) Lato della cassetta in alto, inserire i raggi che andranno «all'interno» un foro sì e uno no... (2) Capovolgere il mozzo. Tracciare una linea perpendicolare lungo il raggio più vicino alla valvola (tenere il raggio diritto); trovare il foro della flangia più vicino alla linea di quel raggio; prendere il foro a destra di questo e inserire un raggio. Sul cerchio, questo raggio andrà inserito una posizione a destra del foro dove va il raggio sul lato opposto...» Mentre li rileggevo, mi venne da pensare che fossero scritti in codice. Erano impenetrabili. Oggi, il fatto di aver usato quegli appunti per costruirmi una ruota, la mia prima e ultima, sulla panchina di un giardino pubblico di Aosta mentre i vecchi residenti si ammassavano come mosche per la passeggiata serale, mi pare non meno prodigioso della stessa ruota di bicicletta.

Con tutti i raggi filettati uniformemente, Gravy applica una goccia d'olio a ciascun nipplo, «per lubrificare i filetti, così non si rovineranno durante il tensionamento». Poi si alza di nuovo dallo sgabello e corregge la linea dei raggi stringendoli a due a due tra le mani, «per sistemarli» come dice lui, «e individuare eventuali gobbe».

Nel caso di ruote assemblate in fabbrica, questa parte del lavoro si fa con una grossa barra di metallo, mi spiega Gravy. Il rischio di sottoporre alcune parti della ruota a uno stress eccessivo è enorme. È per questo che le ruote prodotte in fabbrica non hanno una garanzia lunga. Le sue ruote, al contrario, sono garantite a vita: «La tua vita, la mia vita e la vita del cerchio».

Con un attrezzo che possiede da venticinque anni, Gravy controlla la campanatura della ruota per assicurarsi che il cerchio sia allineato con il centro del mozzo, come dovrebbe essere per la ruota anteriore. Non lo è. Con alcuni abili giri di chiave corregge l'allineamento. Troppo. Apporta dei piccoli aggiustamenti nel verso opposto. Adesso la ruota è pronta per l'ultima messa a punto e il tensionamento finale.

Gravy ricomincia dal nipplo blu e tende ogni singolo raggio avvitando di mezzo giro il nipplo corrispondente. Mentre la ruota gira piano sul proprio asse, il centraruote indica dove è scentrata lateralmente: i punti in cui la parete laterale del cerchio è disassata oscillano producendo un breve raschio, come il rumore lontano di una vanga che striscia sul cemento. Quando Gravy ha localizzato il difetto, si mette al lavoro sui relativi raggi: se l'oscillazione avviene sul lato destro del cerchio, stringe i raggi di sinistra e allenta quelli di destra, e viceversa, finché quel punto del cerchio non è in asse. Poi passa allo sfregamento successivo e procede così fino a completare un giro.

Ho centrato centinaia di ruote delle mie biciclette, ma mentre me ne sto dietro Gravy e da sopra la sua spalla vedo il cerchio che cambia forma, mentre sento attenuarsi il rumore degli sfregamenti del cerchio a ogni torsione del suo tiraraggi, ho la sensazione che la ruota sia una struttura dinamica e unitaria. Una meraviglia della meccanica, d'accordo; semplice ed elegante, d'accordo; ma anche, in qualche modo, viva. Gravy dà un colpetto alla ruota per farla girare e si scosta. La luce che rimbalza sui raggi d'acciaio inox produce un effetto ipnotico. Per un istante, la sfolgorante ricchezza di un oggetto tanto pratico mi sorprende. Penso a Marcel Duchamp che nel 1913, installando una ruota di bicicletta capovolta su uno sgabello e facendola girare di tanto in tanto, ridefinì il minimalismo. «Mi piaceva guardarla» dichiarò Duchamp, «proprio come mi piace guardare le fiamme che danzano nel camino».

Gravy completa un'altra passata – un quarto di giro per nipplo – e un'altra – un ottavo di giro – e un'altra – «un colpetto minimo» – e un'altra – «per rimuovere lo stress dai raggi». Quello che potrebbe benissimo essere il titolo di un corso terapeutico tenuto a Fairfax, è in realtà un'altra fase importante della procedura con cui si assemblano le ruote su ordinazione. A coppie, i raggi paralleli vengono premuti uno verso l'altro, al centro. L'operazione, che va eseguita su entrambi i lati della ruota fino a completare un giro, serve a correggere la linearità dei raggi a livello microscopico, per assicurarsi che siano perfettamente dritti, e ad assestare l'alloggiamento dei gomiti nei fori della flangia. Ma bisogna fare attenzione a non esagerare. In fabbrica è una macchina a eseguire l'operazione. Gravy la esegue a mano con un vecchio strumento ricavato dall'asse di una ruota. Gliel'ha costruito Tom Ritchey.

Con un tensiometro in mano, Gravy inizia ad apportare gli ultimi ritocchi. James Starley avrebbe dato un occhio per uno di questi strumenti. Il tensiometro misura la curvatura in millimetri tra tre punti di un raggio e ne fornisce la tensione in newton. È un modo per assicurarsi, con una precisione straordinaria, che ciascun raggio sia sottoposto alla tensione ottimale. C'è un abisso tra questo strumento sofisticato e la rudimentale leva con cui Starley metteva in tensione i primi bicicli Ariel.

«Più vai in bicicletta, più desideri avere delle belle ruote» mi dice Gravy con voce pacata. «Se te ne prendi cura come si deve, se la revisioni di tanto in tanto e non la lasci fuori ad arrugginire, una ruota può durarti decenni… e regalarti ogni genere di divertimento in bicicletta».

L'azione del tiraraggi sulla ruota si fa sempre più leggera, poi smette del tutto. Gravy si alza, fa un passo indietro e mi mette un braccio intorno alle spalle.

«Be', amico mio. È centrata».

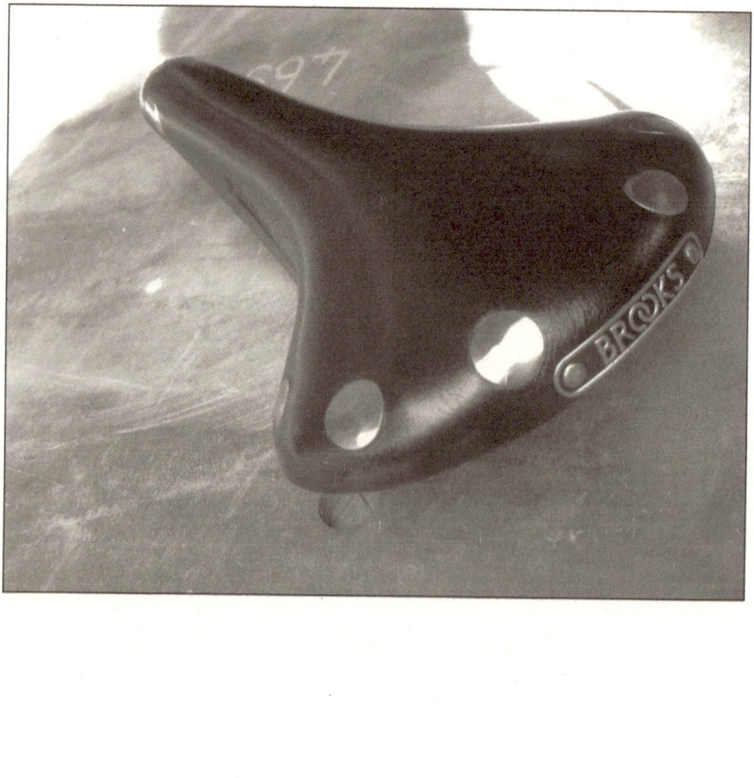
BROOKS

5. Anatomia di un appoggio

La sella

> «La verità fa male. Certo, non come saltare su una bicicletta dove manca il sellino, ma fa male».
>
> Leslie Nielsen, *Una pallottola spuntata due e mezzo*

Ci sono tre punti di contatto tra il ciclista e la bicicletta: le mani col manubrio, i piedi con i pedali e il fondoschiena con la sella. Il loro ordine d'importanza dipende in gran parte dall'impegno con cui vi dedicate al ciclismo. Pedalate per 150 chilometri con un ciclista appassionato e probabilmente lo sentirete lamentarsi un po' per il dolore ai polsi e alle caviglie; pedalate per 15 chilometri con un novellino e quello non la smetterà di frignare come un moccioso per le chiappe dolenti finché non avrà avuto le sue tre pinte di birra e il suo sacchetto di ciccioli. Niente distrugge le gioie di una pedalata in bicicletta come l'indolenzimento provocato dalla sella. È la lamentela più comune tra i ciclisti. E se è vero che nella lingua inglese esiste il verbo *to bellyache* – piagnucolare come un bambino col mal di pancia –, allora ci sarebbero ragioni fondate per introdurre un neologismo che esprima con precisione quel disturbo al fondoschiena: *to buttache – v.i.* piagnucolare per il dolore provocato dalla sella di una bicicletta; composto da *butt*, chiappe, e *ache*, dolore sordo e insistente.

Una verità universale del ciclismo è la seguente: il dolore è inevitabile, la sofferenza facoltativa. Anche i ciclisti professionisti sono afflitti da forti dolori, solo che non piagnucolano come bambini per il mal di chiappe. In *Fiesta* di Ernest Hemingway – che era appassionato di ciclismo e in bicicletta aveva girato l'Europa con Francis Scott Fitzgerald – il protagonista Jake Barnes incontra un gruppo di corridori ciclisti che cenano in un albergo spagnolo durante una corsa a tappe:

> I corridori bevvero molto vino, ed erano abbronzati e scottati dal sole [...]. L'uomo che era in testa alla classifica per due minuti aveva uno sfogo di foruncoli, molto dolorosi. Stava seduto eretto [...]. Gli altri corridori lo prendevano in giro per i suoi foruncoli. Egli batté sul tavolo la forchetta. «Ascoltate» disse, «domani il mio naso sarà così basso sul manubrio, che l'unica cosa che toccherà questi foruncoli sarà un bel venticello».*

Il danno che un sellino può produrre al corpo umano è incredibile. Io non ho mai avuto foruncoli sul didietro, ma l'attrito con il cuoio mi ha causato, in passato, tagli, lacerazioni, piaghe, abrasioni e contusioni. Contro la sella mi sono scorticato le cosce fino a ridurle come sashimi. L'espressione «lesione da sella» è assolutamente inadatta a dare l'idea del dolore che si prova. «Trauma da sella» è più corretto.

La comodità è l'unico requisito di una sella di bicicletta. I princìpi ergonomici fondamentali su cui si basa questo componente sono semplici. La punta della sella, la sua estremità ante-

* Ernest Hemingway, *Fiesta*, tr. it. di Giuseppe Trevisani, Einaudi, Torino 1946. [*n.d.t.*]

riore, è stretta per impedire (o almeno limitare) lo sfregamento dell'interno della coscia. La parte posteriore è larga a sufficienza per sostenere il cingolo pelvico del ciclista; o, se vogliamo essere più precisi dal punto di vista anatomico, per sostenere le tuberosità ischiatiche, le due sporgenze dell'osso iliaco che reggono il nostro peso quando stiamo seduti. Nelle donne la distanza che separa queste due sporgenze ossee è maggiore che nell'uomo di circa un centimetro (per questioni legate al parto) e perciò le selle da donna sono un po' più larghe nella parte posteriore.

La forma della sella diventa un fattore critico quando si coprono lunghe distanze in bicicletta e si pedala con grande forza e velocità, come fanno i professionisti. All'epoca delle selle di cuoio, che si adattano cambiando forma con l'uso, i corridori professionisti portavano con sé i loro confortevoli sellini quando cambiavano squadra. Tommy Simpson, l'eroe non senza macchia del ciclismo britannico più famoso da morto che da vivo, si faceva da sé le proprie selle. Horst Schütz, professionista tedesco degli anni Ottanta del Novecento, usava selle realizzate appositamente per lui: nell'imbottitura in schiuma compressa dei suoi sellini venivano scolpiti incavi e protuberanze che riproducevano fedelmente le anomalie del suo ossuto didietro.

Simpson e Schütz, entrambi noti pistard, parteciparono a molte moderne «sei giorni», un tipo di gara ciclistica che costituisce forse il più duro collaudo dell'interfaccia posteriore/sella. Nei primi tempi quelle competizioni duravano effettivamente sei giorni e sei notti, senza soste. Pedalando su una pista al coperto, ogni concorrente completava quanti più giri poteva entro quel tempo. La prima sei giorni agonistica si tenne all'Islington Agricultural Hall di Londra nel 1878. I corridori, che montavano bicicli *high-wheelers*, pedalavano attorno alla pista finché non crollavano, dormivano un po', si rialzavano e riprendevano a pedalare, per sei giorni di fila. Fortuna che il settimo giorno bisognava santificare la festa. Non è certo uno sport che si addirebbe al nostro modo di vivere.

La buona società vittoriana, tuttavia, si divertì a osservare la cieca resistenza animale di quegli atleti malpagati. A migliaia riempirono l'Islington Hall ogni giorno per guardare i corridori che accumulavano giri su giri. Il vincitore, riportò l'*Islington Gazette*, fu Bill Cann di Sheffield, che coprì 1756 chilometri su un biciclo con la sella di legno. Quello che la Gazzetta di Islington non riportò fu che i suoi lamenti per il mal di chiappe si sentirono fin nel Lincolnshire.

L'anno seguente lo stesso evento fu battezzato «Campionato del Mondo di Lunga Distanza». Essendo un'iniziativa totalmente commerciale, cadeva al di fuori dell'ambito di responsabilità dei due enti appena fondati che avocavano a sé l'amministrazione del ciclismo nel Regno Unito: la Bicycle Union e il British Touring Club (in seguito Cyclists' Touring Club). Con il tipico moralismo formale che dominava quella nuova era dell'atletismo britannico, le due organizzazioni negavano l'iscrizione a chiunque avesse vinto premi in denaro o fosse stato pagato per gareggiare. Il ciclismo era all'avanguardia di quella razionalizzazione dello sport che proprio allora metteva il naso fuori dalle università e dalle scuole private, ed era al centro di una delle grandi questioni sociali che caratterizzavano quell'epoca: il dibattito sulla contrapposizione tra «gentlemen e giocatori». Era giusto che le persone fossero pagate per svolgere un'attività sportiva? Il football, il cricket e il rugby vissero, più o meno contemporaneamente, lo stesso crescente travaglio.

Com'è ovvio, pochi «gentlemen» trovavano attraente l'idea di sottoporsi all'umiliazione di correre una sei giorni. George Waller, ciclista professionista e muratore generico di Newcastle, si aggiudicò l'edizione del 1879 e un premio di 100 ghinee percorrendo una media ben superiore ai 320 chilometri al giorno. All'arrivo dovette essere tolto di peso dalla sella. Dopo una breve escursione nel mondo del business con un circo ambulante di ciclisti, lasciò il professionismo e tornò a fare il manovale.

Il rivale principale di Waller nel 1879 era il francese Charles Terront. Anche lui apparteneva alla classe lavoratrice ma, a differenza di Waller, ce la fece, il che ci dice molto sulla mobilità sociale nei due paesi. Terront divenne la prima stella dello sport in Francia (a Nantes c'è una via che porta il suo nome), si arricchì, pubblicò un libro di memorie, ebbe molte ammiratrici e un posto riservato all'Opéra di Parigi. Il successo lo rese un'icona per le generazioni successive di proletari francesi che attraverso il ciclismo cercavano di conquistarsi un posto al sole. Terront passò dalle sei giorni ad altre specialità della pista, e ottenne la consacrazione definitiva correndo su strada. Nel 1891, dopo aver pedalato per 71 ore e 22 minuti senza soste e senza dormire, Terront discese gli Champs-Elysées in solitudine. Aveva vinto la prima Parigi-Brest-Parigi, la più antica «classica» esistente, che fornì il modello per il Tour de France (la cui prima edizione si tenne nel 1903, nella forma di una sei giorni da correre *su strada* invece che in pista). Con i suoi 1200 chilometri, la Parigi-Brest-Parigi forniva un altro test spietato per il sellino della bicicletta, che almeno adesso non era più di legno ma di cuoio.

Le sei giorni approdarono a New York all'inizio degli anni Novanta e furono il segnale d'inizio di una mania per il ciclismo che dilagò per tutta l'America. Dalla metà degli anni Novanta dell'Ottocento fino alla fine degli anni Venti del Novecento, tutte le grandi città statunitensi avevano un velodromo. Insieme al baseball, le corse su pista erano lo sport con il maggior numero di spettatori. Le annuali competizioni al Madison Square Garden, chiamate i «Super Bowl delle Sei Giorni» erano gli eventi sportivi più grandiosi e spettacolari dell'epoca. (Ancora oggi esiste una disciplina della pista, la «Madison», che prende il nome da quel tempio dello sport.) L'atmosfera carnevalesca e l'opportunità di socializzare e fare scommesse attraeva uno straordinario spaccato della società di Manhattan. Capitani d'industria e uomini politici si mescolavano con stelle del cinema e gangster, sotto gli sguardi rapaci di allibratori e promoter in completi bianchi e ghette blu.

Le circa trecento aziende che producevano biciclette negli Stati Uniti si contendevano la sponsorizzazione dei ciclisti più atletici, veloci e avvenenti. Le loro fortune crescevano e crollavano insieme a quelle dei loro campioni. I ciclisti erano gli sportivi più pagati: la mercificazione degli sport professionistici iniziò con loro. Per un breve periodo, prima dell'avvento delle motociclette e delle automobili, niente sul pianeta fu più veloce di quegli uomini che sfrecciavano in bicicletta su piste inclinate in pino siberiano. E la velocità era la fissazione del momento. I ciclisti professionisti si trovavano a essere gli dèi dello sport. Al Garden erano onnipotenti.

Alle lotte tra sponsor aggiungete le scommesse, il passatempo preferito dagli americani, ed ecco che tutto era pronto per spingere i corridori oltre i loro limiti. Gli incidenti erano numerosi, con i corridori che perdevano i sensi e sbandavano per tutta la larghezza della pista. Si assumevano droghe semplicemente per rimanere svegli. Ogni tanto qualcuno pedalava fino a restarci secco. Lo spettacolo di «un genere di agonia e di sofferenza che si poteva trovare forse solo sul campo di battaglia» deliziava le folle, come ha scritto Todd Balf nella sua biografia di Major Taylor. La carriera di corridore di Taylor iniziò al Madison Square Garden nel 1896, lo stesso anno in cui si tenne la prima sei giorni riservata alle donne. Durante la gara Taylor ebbe un collasso e temette di morire. Ma finì per diventare un grande pistard, un'icona dello sport e il primo nero americano a raggiungere la celebrità in un'epoca in cui un fatto del genere era considerato disdicevole.

Nel 1897 Charles Miller percorse 3369 chilometri durante una sei giorni al Madison Square Garden, conquistandosi un premio in denaro di 3.550 dollari e il bacio di una bellezza del music hall. Ai reporter disse di aver mangiato un chilo e mezzo di riso bollito e mezzo chilo di farina d'avena e di aver bevuto litri e litri di caffè e di latte. In sei giorni, aveva smesso di pedalare per dieci ore in tutto.

In risposta alle proteste, nel 1898 lo stato di New York promulgò una legge che proibiva ai ciclisti di correre per più di dodici ore al giorno; si cominciò a gareggiare in coppie. La velocità aumentò e le distanze coperte crebbero. Il denaro degli sponsor continuava ad affluire copioso. I migliori corridori, «le Stelle del Piattino», guadagnavano in sei giorni quanto i loro padri in sei anni. Nel 1914, durante una sei giorni al Madison Square Garden, il grande ciclista australiano Alf Goullet coprì insieme al suo partner la sbalorditiva distanza di 4442 chilometri, poco meno della larghezza degli Stati Uniti «da sponda a scintillante sponda». Sono un migliaio di chilometri in più rispetto al moderno Tour de France, che dura tre settimane. Rimane a tutt'oggi un record imbattuto.

Dopo l'evento, Goullet scrisse: «Le ginocchia mi dolevano, soffrivo di disturbi allo stomaco, le mani erano così intorpidite che per un mese non riuscii ad abbottonarmi il colletto e avevo gli occhi così irritati che per molto tempo mi fu impossibile stare in una stanza in cui si fumava». Si noti l'assenza di lamentele per il mal di chiappe. Goullet vinse quindici sei giorni, di cui otto al Garden. Visse fino a centotré anni.

L'elenco degli eventi sportivi storici a cui avrei voluto assistere è lungo. Oltre alla bicicletta, storia e sport sono le mie passioni. Datemi le chiavi del TARDIS di *Doctor Who* e correrei alla pista d'atletica di Iffley Road per vedere Roger Bannister che infrange il muro dei quattro minuti sul miglio. Subito dopo andrei al Cardiff Arms Park per la sfida del 1973 tra i Barbarians e la Nuova Zelanda. Poi a West London, nel dicembre del 1810, per non perdermi quello che è forse il più grande incontro di boxe di sempre: Cribb contro Molineaux. La mia tappa successiva sarebbe una delle epiche sei giorni che si tenevano con cadenza annuale

al Madison Square Garden di New York a metà degli anni Novanta dell'Ottocento o nei primi anni Venti del Novecento.

Con l'arrivo degli anni Venti e del proibizionismo, al Garden l'affascinante *demi-monde* dell'età del jazz si mescolava con celebrità del calibro di Bing Crosby. Oltre 125.000 spettatori assistettero alla sei giorni del 1922. «Carbonai, meccanici, tassisti e commessi» se la spassavano insieme a «sparati bianchi e abiti scollati» scrisse un giornalista. Le «Corse senza una meta» finivano sui giornali. Damon Runyon scriveva articoli sulle sei giorni per il *New York Times* e nelle sue rubriche sportive Ring Lardnet ne intrecciava le cronache con la descrizione del temperamento dell'epoca. Quell'intensità viscerale attrasse Hemingway, che assistette a molte sei giorni a Parigi negli anni Venti e rivide le bozze di *Addio alle armi* in un palco del Vélodrome d'Hiver nel 1929. «Ho cominciato molti racconti sulle corse ciclistiche ma non ne ho mai scritto uno che sia bello come le corse» scrisse in *Festa mobile*.*

In *The Great Bicycle Expedition*, William Anderson incontra un ex seigiornista settantenne che ricorda: «Sei giorni a consu-

* Ernest Hemingway, *Festa mobile*, tr. it. di Vincenzo Mantovani, Mondadori, Milano 1964. [*n.d.t.*]

marti l'interno delle cosce su uno spicchio di cuoio. La sorprenderebbe sapere che cosa usavano i corridori per ridurre lo sfregamento. Io personalmente ho provato grasso per assali, vaselina, olio di cocco, tanto per dire. Un tizio che conoscevo corse una batteria preliminare con i calzoncini pieni di gelatina... Quelli sì che erano bei tempi! »

In America la popolarità delle sei giorni scemò durante la grande depressione. Il boom dell'automobile e lo sport trasmesso in televisione ne decretarono la morte definitiva negli anni Quaranta. Quando Horst Schütz creava le sue selle ondulate negli anni Ottanta, ciò che restava del calendario delle sei giorni era approdato di nuovo in Europa. Oggi le sei giorni non hanno più nulla degli eventi di resistenza estrema tanto amati in epoca vittoriana. Nondimeno, ad Amsterdam, Berlino, Brema, Stoccarda e nella leggendaria «Sei giorni di Gand» i ciclisti professionisti sottopongono le loro chiappe alla sofferenza e le loro selle al più duro dei test.

Ho provato molte selle. Nessuna mi ha dato quella comodità che assocerei a un paio di pantofole. Ho notato però che mi abituo al dolore prodotto da sellini differenti in tempi differenti. Ciò suggerisce che alcuni sellini siano migliori, o che mi si adattino meglio, di altri. Non suggerisce, come afferma uno dei personaggi di *Tre uomini a zonzo* di Jerome K. Jerome, che non sia «ancora stato inventato un sellino veramente perfetto». Jerome è giustamente scettico in proposito:

> «Lascia perdere la chimera del sellino perfetto, il nostro è un mondo imperfetto, misto di gioie e di dolori. Speriamo in un aldilà dove si trovino sellini da bicicletta fatti di arcobaleni e riempiti di nuvole. In questo mondo, la cosa migliore è riuscire ad abituarsi a qualcosa di duro. Mi ricordo quel sellino che comprasti a Birmingham; era diviso nel mezzo e faceva pensare a un paio di rognoni».
>
> [Harris] disse: «Era quello costruito secondo princìpi anatomici, vero?»

«Credo di sì» risposi. «La scatola che lo conteneva aveva raffigurato, sul coperchio, uno scheletro seduto [...] o meglio quella parte dello scheletro atta a sedersi [...]. Io so soltanto che lo provai e che, per un uomo che avesse un po' di carne addosso, era una cosa micidiale. Ogni volta che passavi un sasso o una buca, il sellino ti mollava un pizzicotto; era come stare a cavallo di un gambero bizzoso».*

Tre uomini a zonzo, in cui si narra di un giro in bicicletta nella Foresta Nera, fu pubblicato nel 1900. Jerome era un acuto osservatore della società e fu testimone della corsa scomposta a far fortuna con le biciclette nell'ultimo decennio del Novecento. Una volta che al telaio a losanga furono aggiunti i pedali, una trasmissione a catena, i freni e le gomme pneumatiche, l'attenzione degli inventori si rivolse, finalmente, al tentativo di rendere la sella confortevole.

C'è un famoso aneddoto secondo cui John Kemp Starley si sedette con decisione su un cumulo di sabbia bagnata e, indicando ai suoi dipendenti l'impronta delle proprie natiche, esclamò: «Fate questo!» Negli anni Novanta dell'Ottocento, «nuovi» sellini venivano pubblicizzati a getto continuo. Spesso negli annunci pubblicitari si citavano prove mediche «rivoluzionarie» che dimostravano quanto fosse dannosa la sella di «vecchio» tipo. Per giovanotti come Harris la tentazione era irresistibile, come notava Jerome: «Saresti capace di nominarmi un sellino che sia stato lanciato sul mercato e che tu non abbia provato?»

In precedenza, un tentativo originale di eliminare la minaccia dell'impotenza maschile derivante dall'uso della bicicletta su strade acciottolate era stato fatto dal Boston Athletic Club. Un gruppo di «fantini di bicicletta», come venivano chiamati i cicli-

* Jerome K. Jerome, *Tre uomini a zonzo*, tr. it. di Alberto Graziani, Rizzoli, Milano 1950. [*n.d.t.*]

sti nell'America degli anni Settanta di quel secolo, cercò di trovare un indumento intimo che sostenesse e proteggesse la zona inguinale mentre si stava in sella, senza tirarsi addosso accuse di oltraggio alla pubblica decenza. Su commissione del club, Charles Bennett della Sharp & Smith, una ditta di accessori per lo sport di Chicago, inventò il sospensorio, quell'accessorio tutto maschile che in inglese prende il nome di *jockstrap*, contrazione di *bike jockey strap*, «cinto per fantino di bicicletta».

I sellini per donne generavano un'inquietudine particolare tra gli elementi conservatori della società vittoriana. L'idea che la bicicletta potesse stimolare sessualmente le donne era un vero incubo. Naturalmente la minaccia di vedere decine di migliaia di ninfomani eccitate battere la campagna inglese in bicicletta non si materializzò mai. Ma per i produttori di sellini fu un'occasione d'oro. Nel 1895 fu prodotta la prima sella «igienica». Presentata al pubblico come «anatomicamente perfetta», la sella era divisa in due parti, così che il peso della ciclista o del ciclista gravasse esclusivamente sulle tuberosità ischiatiche. Con ogni probabilità è proprio questo il design che Jerome K. Jerome associava a «un gambero bizzoso».

Selle anatomiche vengono brevettate e prodotte ancora oggi. Dall'epoca vittoriana in poi, in effetti, non c'è stata generazione che non abbia dato i natali a individui convinti di aver risolto il problema con qualche bizzarra variante della sella. E, come Harris, noi continuiamo a comprarle. Ho visto «sellini prodigio» sagomati come i sedili dei trattori di una volta (appoggi laterali ampi e niente pomello), o come il muso di un formichiere gigante, una falce di luna, la fascia d'appoggio di quei bastoni che si aprono per

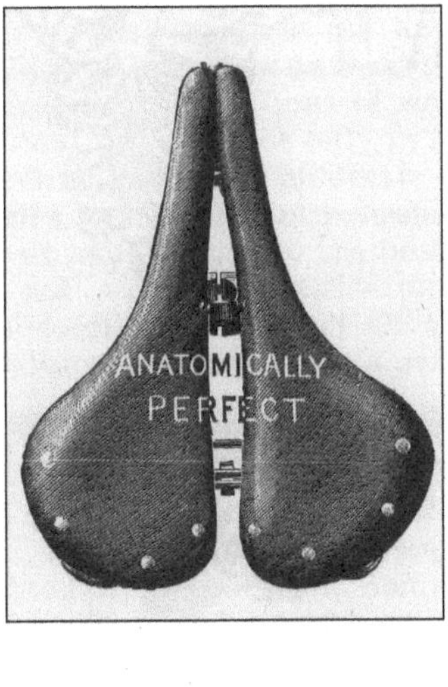

trasformarsi in sgabelli, un anello di budino nero, una manta, un enorme diapason alloggiato in una presa da cucina e la parte superiore di un vaso da notte. Secondo me, sono tutti opera di ciarlatani. I siti web che li vendono sostengono invariabilmente di ridefinire il concetto di comfort e hanno come titolo la domanda familiare: «Impotenza: siete a rischio?»

La versione più illuminata di sella specifica per donne ha un solco che la attraversa per il lungo e una punta leggermente accorciata. I fabbricanti cominciarono a produrre queste selle «con lo spacco» un secolo fa; da allora sono rimaste popolari. È una semplice modifica del disegno standard della sella che si basa su una considerazione anatomica e medica sensata: togliere una porzione di materiale dal centro della sella riduce la pressione su certe parti del corpo particolarmente sensibili.

La sella più scomoda su cui mi sia mai seduto era anche la più grande. Apparteneva alla mia prima vera bicicletta, una Raleigh Tomahawk. Era nera e soffice, e aveva lo schienale. Mi insegnò la prima regola sulla sella delle biciclette a un'età molto precoce: meno è meglio. Imparai la regola numero due quando, a dodici anni, entrai in possesso della mia prima bici con manubrio da corsa: l'ampiezza ideale della sella dipende dalla posizione della parte superiore del corpo sulla bicicletta. Quando si sta piegati sulla bici con le mani in presa bassa e la spina dorsale curva, un sellino stretto è più funzionale. Quando si sta seduti dritti su una bicicletta da città, è preferibile un sellino più largo.

Durante la mia prima avventura in mountain bike in Cina e Pakistan, acquistai una fodera per sellino nel bazar della città di Urumqi. Era costituita da cinque centimetri di gommapiuma coperti di velluto viola. Nastri e lustrini ne adornavano i lati. Sembrava la spallina strappata da una giacca che avrebbe potuto indossare Huggy Bear per infiltrarsi in un convegno di papponi. Lungo la strada del Karakorum, tra Kashgar e Gilgit, camminavo come John Wayne. Regola numero tre: non aggiungere mai *niente* come ornamento della sella. Aumentarne la morbidezza con strati di imbottitura potrebbe dare una sensazione di maggior comfort all'inizio, ma produrrà movimenti laterali più accentuati, una pedalata meno efficiente e, alla fine, sofferenza. Quella volta io me la cavai relativamente a buon mercato. Il mio amico Bill comprò la stessa fodera in velluto verde. Nel cuore dell'Hindukush aveva le emorroidi.

Sellini differenti adornano il mio attuale parco biciclette. Sulla vecchia mountain bike Schwinn ho una Rolls della Selle San Marco. La San Marco produce sellini nel Nord Italia dal 1935. Il modello Rolls è un classico. L'imbottitura è in schiuma ad alta densità, il rivestimento in pelle. È un sellino per bici da corsa di alte prestazioni – Bernard Hinault e Greg Lemond hanno vinto il Tour de France negli anni Ottanta su sellini Rolls – ma ha un aspetto maestoso sul mio vecchio cavallo da guerra. Il problema è che, se non uso questa bici per qualche mese, la Rolls mi sembra dura come granito. La mia nuova mountain bike ha la sua sella originale; è affusolata e confortevole ma ha un rivestimento in vinilpelle e un aspetto dozzinale. Tutte e due le mie bici da corsa hanno sellini prodotti dalla Selle Italia. In attività dal 1897, la Selle Italia è uno dei marchi simbolo della componentistica italiana per biciclette e negli anni Ottanta ha realizzato la prima sella autenticamente minimalista. La vecchia bici da corsa in alluminio ha un sellino «con lo spacco» che si sta consumando e incurvando sui bordi. La più recente, quella in carbonio, ha un sellino convesso, nero e superliscio a cui manca un pezzo della parte posteriore, conseguenza di un incontro ad alta velocità con l'asfalto. Sulla mia vecchia bici da città c'è una grande e anonima sella in gommapiuma. Non ricordo da dove venga. È di gran lunga la meno confortevole del lotto.

A parte l'ultima, tutte queste selle sono di alta qualità e sono leggermente diverse l'una dall'altra. Eppure, qualunque sia la bici che inforco, ci sono giorni in cui il fondoschiena mi fa male e altri in cui non accade.

C'è una sella di cui non ho ancora parlato: il sellino della bici con cui ho fatto il giro del mondo. Ricordo la conversazione che

ebbi con il commesso dell'officina dove doveva essere costruito il telaio. Dopo che mi erano state prese le misure, stavamo controllando la lista dei componenti che sarebbero stati assemblati sulla mia bici. Il commesso sapeva perfettamente ciò di cui avevo bisogno, ma fu tanto gentile da assecondarmi: avviò un breve dibattito sui migliori cerchi, raggi, sostegni per le sacche portabagagli, manubri, freni eccetera, prima di condurmi alle conclusioni a cui era già arrivato. Quando fu il turno del sellino, però, quella recita cortese si interruppe. Senza alzare la testa dal foglio, il commesso scrisse «B 17».

«Che cos'è un B 17?» chiesi. «Sembra il nome di un cocktail». Per tutta risposta, mi indicò col dito la sella di una bicicletta che stava alle mie spalle.

«Ma quello è il sellino che usava mio nonno» obiettai.

«Esatto».

A produrre le selle B 17 è la Brooks. John Boultbee Brooks fondò l'azienda a Birmingham nel 1866. Produceva finimenti per cavalli e altri articoli in cuoio. Narra la leggenda che, vent'anni più tardi, il cavallo che Brooks utilizzava per recarsi al lavoro se ne andò a galoppare nei grandi ippodromi celesti. Non potendosi permettere un cavallo nuovo, Brooks ripiegò su una bicicletta. Come molti gentlemen di quell'epoca, presumibilmente quel cavallo di ferro fu per lui una sorta di rivelazione, anche perché non doveva dargli da mangiare un secchio di avena al giorno. La sua sella di legno fu sicuramente una rivelazione: era così scomoda che Brooks giurò di fare qualcosa in proposito.

Nell'ottobre del 1882 presentò domanda per il suo primo brevetto di sella. Recitava: «La mia invenzione ha per oggetto la costruzione di selle per rendere bicicli e tricicli confortevoli e comodi soprattutto quando se ne fa un uso continuato». Da allora l'azienda non ha mai smesso di dedicarsi ad alleviare i problemi del fondoschiena dei ciclisti. Signor Brooks, a nome dei ciclisti di tutto il mondo, rendo omaggio a lei, uomo magnifico.

Brooks presentò la sella B 17 nel 1896. Da allora è sempre stata in produzione. Sospetto che ciò ne faccia il modello di componente tuttora esistente più vecchio della storia della bicicletta. Una simile longevità è dovuta a diversi fattori: una B 17 nuova è un bell'oggetto; il suo nome conciso è facile da ricordare in molte lingue; il suo design semplice è rimasto praticamente immutato; e le tecniche tradizionali con cui la si fabbrica sono state tramandate di generazione in generazione da artigiani che rispettano il patrimonio storico dell'azienda. Soprattutto, questa sella è comoda ed è fatta per durare nel tempo.

Nel corso del ventesimo secolo la Brooks ha diversificato la sua produzione dedicandosi alla manifattura di bisacce, borse per gli attrezzi, sacche portabagagli, posacenere da montare sulle biciclette (quale gentleman pedalerebbe senza averne uno?) e persino mobili. La ditta ha cambiato proprietà un paio di volte – per un breve periodo ha fatto parte del gruppo Raleigh – ma non ha mai smesso di produrre il sellino B 17 attenendosi agli standard più esigenti. Per quasi mezzo secolo, fino agli anni Settanta del Novecento, la B 17 è stata la sella preferita dalla maggior parte dei corridori professionisti, compresi i francesi, gli italiani e gli olandesi, che presumibilmente subivano pressioni per usare sellini prodotti nei loro paesi. La stragrande maggioranza dei ciclisti seri seguiva l'esempio dei campioni.

Dalla metà degli anni Settanta in poi, nella produzione di selle sono stati introdotti la plastica stampata, i materiali vinilici, il titanio, il kevlar, le colle spray e il gel (un materiale durevole e non assorbente che si usa nell'imbottitura). Fu un cambiamento fondamentale. Le selle divennero più leggere e meno costose da produrre. Il cuoio passò di moda. Quando venne costruita la bici che avrei usato per il mio giro intorno al mondo, nel 1995, la B 17 era destinata soltanto a un mercato di nicchia: quello dei cicloturisti che percorrevano grandi distanze. Ne esistevano di due tipi: giovani di entrambi i sessi che si mettevano in viaggio per attraversare continenti interi e la razza ormai morente dei ciclisti britannici che si mettevano in viaggio per raggiungere un ostello della gioventù armati di una cartina ripiegata con cura e di un thermos di brodo. Nel 1995 le selle Brooks non erano il massimo della sciccheria (anche se oggi lo sono di nuovo: a partire dal 2002 le vendite si sono triplicate).

Il commesso della fabbrica di telai scrisse a penna «B 17» sul mio modulo d'ordine senza un istante di esitazione, con la stessa risolutezza con cui l'allenatore della nazionale brasiliana di calcio avrebbe scritto il nome di Pelé accanto al numero dieci prima della finale di Coppa del mondo del 1970. Quel sellino mi durò 40.000 chilometri. Non sto dicendo che non mi procurò alcun dolore – il dolore è inevitabile, ricordate – ma non mi fece soffrire.

Quando tornai in Gran Bretagna le mie chiappe avevano tartassato la povera sella fin quasi a distruggerla. Il cuoio era sgusciato fuori dai ribattini sul posteriore e si era strappato sui fianchi. Sul carrello – la parte in metallo che collega il sellino al reggisella – c'era una piccola crepa. Ma la mia B 17 mi aveva riportato a casa.

Passare così tanto tempo in sella comporta un rischio, se dobbiamo dar retta a quanto sostiene il sergente Pluck nel *Terzo poliziotto* di Flann O'Brien, la storia grottesca e satirica di un amore tenero ma non corrisposto tra un uomo e una bicicletta. Stando alla Teoria Atomica di Pluck, un contatto prolungato con il sellino di una bicicletta può provocare uno «scambio molecolare»:

> Il risultato lordo e netto è che le persone che hanno passato la maggior parte della vita naturale a viaggiare su biciclette di ferro sopra le strade sassose di questa parrocchia finiscono per avere la loro personalità mischiata con la personalità della loro bicicletta come risultato dell'interscambio di atomi dall'uno all'altra, e sa-

reste sorpreso dalla quantità di persone di queste parti che sono quasi metà persona e metà bicicletta.*

Gli impianti della Brooks sorgono su una via laterale di Smethwick, nell'area del Birmingham Canal Navigations, la rete di canali navigabili che si dipartono da Birmingham. Smethwick era un piccolo borgo di campagna prima che la rivoluzione industriale ne facesse esplodere l'economia trasformandola in un centro mondiale della metallurgia. Oggi la Brooks è l'unica impresa operante nel settore della bicicletta che sia sopravvissuta, e non solo a Smethwick ma nell'intera area di Birmingham. Produce selle e una piccola gamma di accessori in cuoio per biciclette.

Gli impianti della Brooks occupano la stessa sede di Downing Street dal 1950, quando l'azienda produceva cavi, manubri, freni e, seppur soltanto per un breve periodo, biciclette intere. Ci vuole molta immaginazione per figurarsi la Birmingham di quegli anni. Allora era chiamata la «città dei mille mestieri» e quasi ogni suo edificio non adibito ad abitazione era una fabbrica o un'officina dove si producevano chiodi, armi da fuoco, utensili, posate, lettiere, pezzi fusi, serrature, giocattoli e parti di biciclette. La crescita e la prosperità della città dipendevano dalle industrie metallurgiche e al centro di tutto questo c'era la bicicletta.

Con Coventry a sudest e Nottingham a nordovest, Birmingham formava un triangolo in cui c'era la maggior concentrazione mondiale di fabbriche di biciclette e di componenti per biciclette. Qui avevano sede la Hercules, che negli anni Trenta fu l'azienda produttrice di biciclette più grande del mondo, e centinaia di altre ditte che producevano ogni genere di componenti, dai cuscinetti ai tubi d'acciaio. Mio padre è cresciuto tra Birmingham e Coventry. Uno dei suoi primi ricordi è lo spettacolo del cielo notturno che s'infiammava di rosso mentre le fabbriche di bici-

* Flann O'Brien, *Il terzo poliziotto*, tr. it. di Bruno Fonzi, Einaudi, Torino 1971. [*n.d.t.*]

clette e gli impianti automobilistici bruciavano durante i bombardamenti tedeschi del 1940 e del 1941. Quando gli ho detto che stavo scrivendo un libro sulla bicicletta, ne è rimasto deliziato. La sua generazione di nativi delle Midlands sente ancora la bicicletta come qualcosa che le appartiene.

Steven Green, il direttore della Brooks (o il «principale», come lo chiamano i trenta dipendenti) mi aspetta all'ingresso della fabbrica. «Benvenuto alla Brooks» mi dice a voce alta per sovrastare il rumore del «reparto presse». Macchine tranciatrici, curvatrici e rivettatrici martellano, sagomano, attorcigliano e tagliano l'acciaio. La colonna sonora della fabbrica – un tempo la colonna sonora dell'intera città – non dev'essere cambiata molto in un secolo, butto lì.

«È vero» conferma Steven con uno scintillio negli occhi. «E alcuni dei dipendenti sono qui da quasi altrettanto tempo. Le presento Bob».

Bob, ha occhi gentili e mani consunte che gli danno un aspetto paterno. Lavora a una tranciatrice che fa molle a spirale per la sospensione della leggendaria gamma di selle Brooks destinate a un uso cittadino. Mi fa un largo sorriso. «Già, lavoro qui da cinquant'anni. È solo che con un principale come lui sembrano di più. L'unica cosa più vecchia di me che ci sia qui è questa macchina. È degli anni Quaranta. Per fortuna riusciamo ancora a trovare dei pezzi di ricambio. Vorrei poter dire lo stesso per me».

Dopo Bob mi viene presentato Keith, che lavora alla Brooks da quarant'anni. Poi è il turno di Stephen che è qui da più di trent'anni; Alan (diciannove anni) e Beverley («Non glielo dico»).

«Siamo davvero come una famiglia, una seconda famiglia» mi dice Steven aggiustandosi un'altra volta il nodo della cravatta. Il suo orgoglio è evidente. «Tutti vanno d'accordo con tutti. Abbiamo una buona vita sociale. Si fa molta attività di formazione. E siamo così fieri di ciò che facciamo che la gente vuole rimanere. Vengono clienti a portarci da revisionare selle che hanno trenta o quarant'anni. È una cosa molto bella».

Mettendomi una mano sulla spalla mentre attraversiamo l'officina meccanica per raggiungere il reparto di lavorazione del cuoio, Bob mi dice: «Pensi a una sella Brooks come a un paio di scarpe di cuoio. Quando le indossa la prima volta possono essere scomode, pizzicheranno un pelo qui e stringeranno un pelo lì. Ma dopo un po' calzeranno magnificamente e saranno le scarpe più comode che avrà per vent'anni. Io dico sempre che chi va in bici usa selle di plastica, ma i ciclisti usano il cuoio».

Le nuove selle Brooks sono notoriamente dure rispetto ai moderni sellini con imbottitura in gel. Come le scarpe di cuoio di Bob o un guanto da baseball, devono essere «rodate». Tra gli aficionados non c'è accordo su quale sia il metodo migliore per farlo. Qualcuno accelera il processo applicando olio per cuoio alla lanolina. La Brooks consiglia un unguento di propria produzione chiamato Proofide. Alla fine c'è un solo modo per rodare un sellino Brooks: usarlo.

Dopo 1500 chilometri sulla sella compariranno delle leggere rientranze in corrispondenza delle sporgenze dell'osso iliaco, e il cuoio si sarà sagomato in modo da adattarsi al vostro fondoschiena. La mia B 17 ci mise un po' di più. La prima tratta del mio viaggio intorno al mondo mi portò da New York a San Francisco. Ricordo di aver pensato che il sellino era diventato finalmente comodo da qualche parte nel Nord Dakota. Da lì in poi non ebbi più problemi. Se vi prendete la briga di mantenere il cuoio ben tirato usando l'apposita vite di tensionamento (un'esclusiva delle selle Brooks), la sella diventerà sempre più confortevole.

Dunque avrete un prodotto che migliora col tempo. Il che è un'anomalia. Viviamo in un'epoca antiutopica in cui quasi tutto quello che acquistiamo inizia a deteriorarsi nel momento stesso in cui esce dalla confezione. *Tout passe, tout casse, tout lasse*, dicono i francesi: tutto passa, tutto si rompe, tutto ci lascia. L'obsolescenza non risparmia nulla. Abbiamo finito per accettarla come la norma. Compralo, usalo, seppelliscilo nella terra. Una sella Brooks, con la sua leggendaria durata, potrebbe essere uno dei primi prodotti di un'economia utopistica: quel genere di economia di cui vagheggiavano alcuni intellettuali dissidenti negli anni Settanta del secolo scorso, in cui le merci sono costose, costruite per durare nel tempo e riparabili. In teoria le persone che le hanno costruite sarebbero ben pagate e parteciperebbero della ricchezza prodotta.

È difficile vedere in Steven e Bob l'avanguardia della più grande transizione economica (ed ecologica) che il mondo abbia conosciuto dall'inizio della rivoluzione industriale. E, a essere del tutto onesti, quando suggerii loro l'idea, non sapevano di che cosa stessi parlando.

Il cuoio delle selle Brooks viene da bovini britannici e irlandesi, ed è lavorato in una conceria belga. Deve avere uno spessore compreso tra 5,5 e 6 millimetri, «per fornire un sostegno adeguato, e per durare. Solo la parte della pelle che va dalla scapola al posteriore ha lo spessore sufficiente». È Steven a spiegarmelo, mentre mi passa un foglio di pelle nera conciata. Osservo come il foglio venga tagliato per ricavarne sagome di selle che somigliano a fondi di pasta per torte. Ogni parte che presenta delle macchie viene scartata. Poi la pelle viene messa in ammollo in acqua tiepida e pressata su uno stampo in ottone a forma di sella prima di essere asciugata e nuovamente sagomata. Beverley pareggia i bordi del cuoio su un'enorme levigatrice a nastro. Il marchio con il nome del modello viene impresso a caldo. Dopo che una targhetta con il nome della ditta è stata fissata sul suo bordo posteriore, il pezzo di cuoio sagomato viene appeso a una rastrelliera insieme a centinaia di altre selle semilavorate e trasportato su un carrello alle postazioni di assemblaggio.

In tutto, il processo di produzione di una sella dura tre giorni. Ciascuna lavorazione richiede un livello elevato di coordinazione tra mano e occhi, abilità manuale e concentrazione. «L'esperienza e un buon occhio sono importanti» mi dice Steven. «Avrebbe buone probabilità di perdere una mano se provasse a fare uno qualsiasi di questi lavori». Controllo per vedere se a qualcuno manca un dito o due: no, è tutto a posto. Persino Sonia, che sta usando una macchina punzonatrice per inserire dei ribattini nel cuoio e montare quest'ultimo sulla paletta metallica posteriore, facendosi guidare solo dall'esperienza e da un buon occhio, ha la sua completa dotazione di dita.

On the rivet, «sul ribattino», è una vecchia espressione del ciclismo. Risale all'epoca in cui tutte le selle erano fatte di cuoio e assicurate allo scafo con dei ribattini metallici. Indica un ciclista accartocciato in posizione raccolta sulla sua bici, con le mani che stringono la parte bassa del manubrio e il fondoschiena appoggiato precariamente sulla punta della sella, intento a trasmettere alla macchina la massima potenza con ogni colpo di pedale, mettendocela tutta. «Sul gel» non riesce a esprimere la stessa intensità.

Per arrivare al prodotto finito, i modelli con grandi ribattini d'ottone vanno lavorati a martello e cianfrinati a mano (sono lavorazioni che nessuna macchina è in grado di fare). «Cianfrinatura» è un termine della carpenteria medievale che indica una tecnica usata per rifilare i bordi di un oggetto. Alla Brooks, Eric usa un attrezzo affilato come un rasoio per rifilare il bordo del cuoio con un movimento continuo. Basterebbe una momentanea perdita di concentrazione che faccia scivolare l'utensile e la sella sarebbe da buttare. Il modello Team Professional è cianfrinato. Quando i ciclisti professionisti usavano sellini Brooks, si lamentavano del fatto che il bordo della sella sfregava contro le cosce. Oggi questa lavorazione ha più che altro uno scopo decorativo, ma illustra meglio di ogni altra cosa la cura e la precisione con cui ogni sella viene confezionata a mano. Spiega perché il nome Brooks sia diventato sinonimo di artigianato di qualità.

«Facciamo più di quaranta modelli. Ciascuno richiede una diversa lavorazione. E se il tuo lavoro è cianfrinare o anche solo rivettare, devi essere in grado di distinguere ogni partita di cuoio, perché sono una diversa dall'altra» mi dice Steven. Riattraversiamo la fabbrica per raggiungere il punto in cui la linea di produzione termina. Qui le selle sono ispezionate un'ultima volta, lucidate e inscatolate.

«Bene» mi dice. «Adesso ha visto il processo di produzione dall'inizio alla fine. Presumo che voglia comprare una B 17. Che colore?»

«A dire il vero vorrei prendere una Team Professional. Mi sono innamorato dei ribattini di rame battuti a mano e della cianfrinatura. Ne vorrei una nera con lo scafo cromato». Il sellino Team Professional fu presentato nel 1963. Con i suoi quarantasei anni, è l'ultimo arrivato nella gamma Brooks. È un'evoluzione del B 17, realizzato in un unico pezzo di cuoio sagomato su uno scafo d'acciaio composto da due binari e dalla paletta posteriore incurvata. La vite di tensionamento è posta sotto la punta del sellino e il cuoio è ancorato con ribattini di rame davanti e dietro. Ha la scritta «Team Professional» marchiata su entrambi i lati e la targhetta «Brooks» fissata sul retro. È una sella semplice e magnifica, un misto di forza e grazia. Negli occhi di Steven leggo la sua calorosa approvazione.

«Ottima scelta» mi dice. «Dovrebbe fornirle un buon servizio per molti anni a venire. E spero che ce la riporterà tra venticinque anni per una revisione. Senza dubbio qualcuno di noi lavorerà ancora qui».

*Not in Vain the Distance Beckons**

«Una strada, un regno che misura un miglio. E sono re
Di terrapieni, pietre e di ogni cosa che sboccia».
Patrick Kavanagh, *Inniskeen Road: July Evening***

Le stagioni sono cambiate due volte tra la mia prima visita a Brian Rourke e il giorno in cui vi faccio ritorno per assistere alla verniciatura e all'assemblaggio della bicicletta. Nel frattempo, ho preso in considerazione un centinaio di colori. Alcuni li ho evocati scientemente. Altri sono venuti a trovarmi senza essere stati invitati, durante il mio viaggio alla ricerca dei componenti per la bici. Il primo a imprimersi è stato un giallo, un brillante giallo Van Gogh, una tonalità mediterranea che il ciclismo fece proprio quando il leader del Tour de France indossò per la prima volta *le maillot jaune* nel 1919. Il colore fu scelto per richiamare quello delle pagine de *L'Auto*, il quotidiano che sponsorizzava l'evento. Poi decisi che volevo una bicicletta nera; avrebbe avuto un aspetto affabile e senza età. Ma un ami-

* «Non invano la distanza ci chiama». È un verso di una poesia di Alfred Tennyson intitolata *Locksley Hall* [*n.d.t.*]
** Patrick Kavanagh, *Andremo a rubare il cielo*, ed. it. a cura di Saverio Simonelli, Àncora, Milano 2009. [*n.d.t.*]

co mi disse che il nero portava con sé un fardello psicologico e avrebbe conferito pesantezza alla bici. Mi trastullai per un po' con l'idea del «celeste Bianchi», reso immortale da Fausto Coppi. Coltivai un flirt con il *British racing green*, la tonalità di verde che adorna molte automobili da corsa britanniche, finché non lessi che simboleggiava l'avidità.

Mia moglie è un'artista. Ha un grande gusto per i colori. Quando le chiesi che cosa ne pensasse di un marrone cappuccino, il colore della dedizione, mi disse: «Caro, scegliere un colore per la tua bici è più difficile che scegliere un nome per i tuoi figli?» Non mi fu di alcun aiuto. Il color arancia maltese delle biciclette di Eddy Merckx, grigio foca, grigio perla, lampone, azzurro, cremisi, zaffiro, verdemare e mirtillo: rimuginavo su queste tonalità finché i miei sogni non si riempivano di fruscianti campionari di colori. Stampai dozzine di foto di biciclette colorate a mano e le attaccai alle pareti del mio ufficio. Niente da fare: non riuscivo a scegliere.

La decisione era resa ancor più complicata dal fatto di dover trovare un secondo colore per gli elementi di contrasto sul tubo obliquo e sul tubo piantone. Telefonai a Jason Rourke. Sarebbe stato lui a dipingere il telaio: «Ho bisogno di un consiglio» gli dissi. «Quali colori *posso* scegliere?»

«Qualsiasi colore ti venga in mente, Rob. Qualsiasi colore tu desideri. In sostanza, qualsiasi colore».

«No, non puoi scegliere quel colore» mi dice Jason, posando un barattolo di vernice e voltandosi per affrontarmi, i fianchi appoggiati al banco di lavoro, le caviglie incrociate, le braccia conserte. Siamo nel suo laboratorio di verniciatura.

«Che cosa intendi per 'no'?» dico io.

«Quello che ho detto: no. Non c'e altro da aggiungere. No».

«Non puoi rispondermi così. Io sono il cliente. E tu mi avevi detto che potevo scegliere qualsiasi colore».

«Rob, un giorno mi ringrazierai. Forse oggi stesso. Ma non c'è verso che io dipinga la tua bici di viola. Non siamo nel 1973. Non andiamo a vedere un concerto degli Slade stasera. Ti garantisco che se te ne andassi di qui con la bicicletta viola, torneresti tra sei mesi pregandomi di riverniciarla. No».

Il viola era venuto a farmi visita verso la fine del viaggio. Avevo in mente un porpora imperiale: il porpora di Tiro, la tinta prodotta per la prima volta dagli antichi fenici, il colore del sangue rappreso.

«Tu non sei Ziggy Stardust» mi dice Jason. «Sei Rob Penn. Che ne dici di un bel rosso fiammante? Va di moda».

Insieme alla scelta del materiale per i tubi, della giusta geometria, di un telaio le cui dimensioni si adattino perfettamente alle proprie esigenze e dei componenti da abbinargli, la possibilità di scegliere una combinazione di colori è un'altra delle ragioni fondamentali per volere una bicicletta su misura. Oltre a darmi la sensazione di essere fatta per me, per rispondere ai miei comandi, la bici dovrebbe anche avere l'aspetto della *mia* bici. E il rosso – uno dei colori più ricorrenti sulle biciclette prodotte per il mercato di massa – non la farebbe sembrare la *mia* bici.

«Ho appena finito di dipingere una bicicletta che mi ha commissionato Mohammed Ali in rosso fiammante su argento, con inserti in bianco perlato. Se va bene a Mohammed Ali dovrebbe andar bene anche a te» mi dice Jason.

«No».

«Grigiazzurro? In questi ultimi anni è molto richiesto, con inserti blu o rossi». Jason continua a rovistare tra la cinquantina di barattoli di vernice posati sugli scaffali davanti a noi. Apre i coperchi con un cacciavite e spinge i barattoli verso di me, sul banco di lavoro.

Pop... «Rosa?»

«No».

Pop... «Blu Ferrari?»

«Uhm...»

Pop... pop... pop. Davanti a me ci sono tre barattoli di diverse tonalità di blu metallizzato.

«Quello è un blu Harley Davidson. Molto elettrico. Assomiglia allo zaffiro ma è più intenso... Ah, ecco, questo è un bel colore: un blu metallizzato con un sopraccolore brillante che ti permette di renderlo scuro a tuo piacimento».

«Mi piace questo blu» dico, spostando un barattolo di lato. «Con cosa si abbinerebbe, per gli elementi di contrasto? Blu e arancione potrebbe andare?»

Jason stringe le labbra. Blu e arancione sono i miei colori preferiti. Tutto preso dal tentativo di trovare una combinazione di colori inimitabile, li avevo completamente trascurati.

«Possiamo vedere un arancione?» chiedo.

«Mmmh, va bene. Tanto non riusciremo mai a trovarci d'accordo sulla scelta, giusto?»

Mentre io sfoglio campionari di colori, Jason rovista tra un altro centinaio di barattoli di vernice che stanno dentro un armadio.

«Papavero della California? Oro olimpico? Rosso mela candita? Ecco, guarda questo arancione elettrico» mi dice, passandomi un barattolo da sopra la testa. «È quello che Jeremy Clarkson chiama *ASBO orange*. Eccone un altro... e un altro. Da' un'occhiata a questi».

Con tutti i barattoli di arancione e blu davanti a me, intravedo finalmente un traguardo. Rifletto per un'ora, spostando i barattoli, accostando ciascun arancione accanto a ciascun blu e cercando di immaginarmeli insieme sul telaio. Non è facile. Jason se n'è andato per lasciarmi decidere da solo. Il silenzio è rotto soltanto dal rumore sordo del mio pugno chiuso che incoccia nel palmo dell'altra mano. Proprio quando sto chiedendomi se i vapori della vernice non potrebbero farmi sballare, la perfetta combinazione di blu e arancione mi si rivela.

«Okay, trovato» grido giù dalle scale. Jason mi raggiunge salendo due gradini alla volta.

«Presto» mi dice. «Mettiamoci all'opera prima che tu cambi idea».

Jason si infila la sua tuta bianca e, prima che io abbia il tempo di dire «Arancia Meccanica», sta per trasformarsi in un drugo.

Sul telaio è già stata stesa una mano di primer bianco. I pendenti e i foderi orizzontali sono stati ricoperti di carta e sigillati. Non verranno verniciati per conferire al telaio un look classico, italiano. È l'unica cosa su cui ci siamo trovati d'accordo. Con il telaio appeso a un gancio da macellaio, Jason si mette all'opera. La prima mano di arancione va sul tubo piantone e sul tubo di sterzo. Ha un aspetto orrendo. Mi metto a piagnucolare.

«Il colore cambia con ogni nuova mano. Non puoi giudicare finché la verniciatura non è stata completata e la bici assemblata. Perciò non preoccuparti... ancora».

Un'altra mano. Grazie al «forno», un pannello riscaldato che si trova in fondo al laboratorio di verniciatura, ogni mano si asciuga in pochi minuti. Dopo la terza mano di arancione, Jason copre gli inserti con carta e nastro adesivo e riempie la bombola spray di vernice blu.

Molti telaisti fanno verniciare i loro telai altrove. Posso capire perché. È un lavoro specializzato, difficile forse quanto la stessa saldatura. La mascheratura è un'operazione manuale che richiede destrezza; ci vuole esperienza per capire quando il colore sta prendendo consistenza e come cambia man mano che si aggiungono nuovi strati di vernice; persino applicare ogni mano è un'operazione tutt'altro che elementare. La verniciatura è anche il criterio in base al quale molti potenziali clienti giudicano un telaio fatto a mano: pochi esamineranno le saldature dei tubi e ancora meno sapranno che cosa cercarvi. Ma chiunque è in grado di riconoscere un lavoro di verniciatura raffazzonato.

Jason procede con cura, muovendo con eleganza la pistola a spruzzo per essere sicuro che ogni mano di vernice si distribuisca uniformemente su tutto il telaio. Tra la terza e la quarta mano apre un cassetto pieno di decalcomanie. Devo scegliere quelle che andranno sul tubo obliquo e sul tubo piantone: la scritta «ROURKE» in argento sopra gli inserti arancioni, che saranno delimitati da due bande con i cinque colori della maglia iridata; l'elegante logo di Brian Rourke sul tubo di sterzo e un distintivo più piccolo con le iniziali «BR» sul retro del tubo piantone («così quando staccherai qualcuno, saprà che stai pedalando su una Rourke» mi dice Jason). L'ultima decalcomania, sul tubo orizzontale, sarà il mio nome: «Rob Penn», in caratteri semplici. E in argento.

«È abbastanza scuro? Dimmi se per te il blu è scuro a sufficienza. Posso scurirlo facilmente se vuoi, ma credo che adesso stia venendo bene» mi dice Jason mentre completa un'altra mano. Il potere di prendere una decisione è lasciato a me. Fuori ormai è buio. L'ansia di vedere se il blu e l'arancione si sposano bene quasi mi ammutolisce. Jason applica un'ultima mano di blu. Quando è asciugata, toglie il nastro adesivo aiutandosi con un coltellino affilato e stacca con cura la carta dagli inserti. Blu e arancione. Assolutamente favoloso.

Se guardare la verniciatura del telaio è stata un'agonia, osservare la bici che viene assemblata è un piacere ininterrotto. Matt Roberts, il capomeccanico, lavora con la precisione e la destrezza di un orologiaio. Per prima cosa monta le camere d'aria e i copertoncini sulle ruote, facendo attenzione che la scritta sullo pneumatico sia allineata con la valvola. Poi, con il telaio nudo fissato a un cavalletto, appronta il tubo di sterzo. Le calotte della serie sterzo vengono inserite a pressione nel tubo; con il montaggio della forcella, dell'attacco manubrio e del manubrio il sistema di sterzo è completo.

Ho portato tutti i componenti al negozio dentro uno scatolone di cartone. Ogni volta che Matt si china e tira fuori qualcosa, mi assale un ricordo: le enormi mani di Gravy, l'elegante completo di Antonio Colombo, lo scintillio negli occhi di Steven Green. È come una pesca a sorpresa evocativa, una scatola di rimembranze felici.

È il turno del movimento centrale, della guarnitura e della cassetta pignoni. Matt stacca gli utensili dall'arsenale appeso al muro alle sue spalle, spesso allungando il braccio senza guardare. Dopo che sono stati fissati il deragliatore anteriore e il cambio, tocca alla catena. È prodotta nelle dimensioni standard e Matt, usando uno smagliacatena, la accorcia per adattarne la lunghezza alla mia bici, a occhio. Reinserisce il perno di connessione: il sistema di trasmissione è completato.

Vengono montate le ruote. Jason esce dal suo ufficio per controllare lo spazio tra il telaio e la ruota posteriore: «Perfetto» dice, e tira un sospiro di sollievo.

Ogni tanto si fa vivo Brian. Quando Matt ha un breve momento d'imbarazzo – non riesce a far passare all'interno del manubrio Cinelli i cavi delle leve per il nuovo cambio Campagnolo a undici velocità – i meccanici più giovani fanno cerchio intorno a noi, sogghignando a mezza bocca. Lui applica un filo d'olio ai cavi e, con qualche accorto colpo di lima e un po' di olio di gomito, riesce a farli passare. Gli avvoltoi si disperdono. Poi Matt taglia i pezzi di guaina nera che coprono i cavi, assicurandosi che la scritta sulla guaina che porta al freno posteriore sia centrata e si legga nel verso giusto.

Dopo che il reggisella è stato tagliato a misura, sulla bici viene montato il sellino Brooks. «Questo sellino è un'opera d'arte» commenta Matt mentre fa scattare i rapporti avanti e indietro, ripetutamente, eseguendo delle regolazioni microscopiche per assicurarsi che il sincronismo sia perfetto. «Chissà com'è contento» mi dice.

In realtà mi sento abbattuto. Il viaggio che ho compiuto per mettere insieme questa bicicletta è giunto al termine. È stato affascinante e molto divertente. Sono giunto alla conclusione che parlare dell'alba di una nuova epoca d'oro per la bicicletta non sia un'iperbole. Tutti i produttori con cui ho parlato mi hanno detto che c'è stata una crescita negli ultimissimi anni. L'equilibrio tra manifattura e tecnologia sta cambiando un'altra volta, per perseguire la qualità. Se la gente vuole biciclette ben fatte e destinate a durare nel tempo, ciò dimostra che al veicolo si attribuisce di nuovo un valore che per mezzo secolo non gli era stato più attribuito. A Portland, Fairfax e persino a Londra sono stato testimone della crescita di comunità che ruotano attorno alla bicicletta. Oggi la bicicletta è di moda; forse questa moda non durerà, ma è indicativa del fatto che le preoccupazioni per la salute, il problema dei trasporti, le questioni ambientali e il prezzo del petrolio stanno riportando la bicicletta al centro della coscienza pubblica. Nel Regno Unito la classe dirigente sta tornando ad andare in bicicletta per la prima volta dalla fine dell'Ottocento: il fatto che il sindaco di Londra, membri del governo, direttori di quotidiani nazionali, famosi giornalisti televisivi come Jon Snow e Jeremy Paxman e uno stuolo di imprenditori di punta, dall'amministratore delegato della catena di supermercati Asda al guru della moda Paul Smith, non solo vadano in bicicletta ma perorino la sua causa sarebbe stato impensabile solo vent'anni fa.

I costruttori di telai su misura stanno nuovamente riadattando la bicicletta, in particolare come mezzo di trasporto urbano, con un occhio al futuro. In un editoriale del 1869 *Le Vélocipède Illustré*, la prima rivista di ciclismo al mondo, concludeva: «Il cavallo d'acciaio riempie un vuoto nella vita moderna, è una risposta non solo alle nostre necessità ma anche alle nostre aspirazioni [...]. Di certo non è una moda passeggera». Si potrebbero scrivere le stesse parole oggi. Tra vent'anni molte città del mondo sviluppato avranno reintegrato la bicicletta nell'infrastruttura dei trasporti. H.G. Wells scrisse: «Quando vedo un adulto in bicicletta, non dispero per il futuro della razza umana». Oggi dovremmo essere pieni di speranza.

Dico a Matt che sono triste perché il mio viaggio è finito. Mi guarda in tralice. Poi guarda la bicicletta. Poi mi guarda di nuovo. Ha ragione lui: non c'è ragione di essere tristi. Davanti a me c'è un raggio di sole, un'incarnazione assolutamente perfetta di una delle più grandi invenzioni dell'uomo. È la bici dei miei sogni. Ed è pronta.

Brian solleva la bicicletta e la toglie dal cavalletto. «Forza» mi dice, «salta su, che ti diamo un'ultima occhiata. Aggancia i pedali, rilassati, afferra i freni lì... porta giù quella pedivella, sposta indietro il ginocchio. Okay. Abbasso un pelino la sella se scendi. E la arretro di un'unghia».

Con il sellino regolato, monto di nuovo sulla bici e appoggio un gomito al banco di lavoro per sostenermi. Un po' in disparte, Jason e Matt esaminano la bicicletta torcendo le labbra e annuendo lentamente. È un sigillo d'approvazione qui a Stoke-on-Trent.

Gli occhi e le mani di Brian si muovono pieni d'energia attorno alla bici. Fa un passo indietro: «Non c'è male, ragazzo» dice. «È assolutamente perfetta».

Nelle mie fantasie, la prima escursione sulla nuova bici era come la pubblicità televisiva di un'auto: una strada costiera deserta, nel Big Sur californiano magari, oppure a picco sopra l'Adriatico. Percorro una discesa a rotta di collo, lungo strette curve che sembrano tracciate col compasso. Bicicletta, strada e ciclista sono una cosa sola. Il mare scintilla. Il sole splende. Puro zen.

Nel mondo reale, esco dall'ingresso posteriore di casa mia nelle Black Mountains gallesi per affrontare un mondo senza cielo. Un poeta gallese direbbe che la pioggia scende dolcemente, come una benedizione. La verità è che sta semplicemente piovendo. Dovrei tornar dentro, lasciare che spiova, ma non posso aspettare. Nemmeno la bici, pronta a ingaggiare battaglia con tutti i venti non ancora nati, può aspettare. Si stringe un patto con una bici come questa: la cavalcherai e te ne prenderai cura fintantoché ti condurrà a un rifugio lontano dal presente.

Può una macchina provare dei sentimenti? Di recente ho riletto il diario che tenni mentre facevo il giro del mondo in bicicletta. Mi ha confermato quello che sospettavo allora: Manannan, la mia bici, non mi abbandonò mai. Non si guastò una sola volta mentre attraversavo un deserto o una remota catena montuosa, quando ero ammalato o melanconico o avevo paura della gente tra cui mi trovavo. Non mi tradì mai quando ero in pericolo. Ma non appena raggiungevamo un riparo sicuro, e io mi rilassavo, Manannan perdeva i pezzi. In cambio di questa sua capacità di differire le avarie durante i tempi grami, ogni tre o sei mesi la spogliavo, la pulivo e la rimontavo completamente. Capivo come funzionava. Affrontammo quell'esperienza appagante come compagni di viaggio, su un piano di parità.

Sollevo una gamba e inforco la bici. Clic... clic... aggancio gli scarpini ai pedali e scendiamo lungo il viottolo. È una routine familiare, tranquillizzante. È la mia finestra sul mondo: più piano che in treno, più veloce che a piedi, più in alto che in auto, più in basso che in aereo. La bici dà una sensazione di armoniosa solidità, come ci si aspetta da una bicicletta nuova, di qualità: il sellino duro, il cambio perfettamente regolato, la catena tesa, i freni reattivi. Sembra magnificamente bilanciata, ed è come se le mani delle persone che l'hanno costruita le rendessero viva.

Mi lancio giù per la Llanthony Valley; in curva governo la bici con minimi spostamenti del peso. Per un breve tratto supero i novanta all'ora. Avverto l'eleganza e la stabilità della bicicletta. Mentre risalgo il lungo e dolce pendio della valle, trovo un ritmo nella pedalata. Ritmo significa felicità. Una miriade di preoccupazioni – sulla bici, su questo libro – si dissolvono. È questa la bellezza del ciclismo; il ritmo produce un'attività importante nel cervello assopito: crea un vuoto. Pensieri casuali riempiono quel vuoto: il ritornello di una canzone, il verso di una poesia, un dettaglio della campagna, una barzelletta, la risposta a una domanda che mi tormentava tempo fa.

*It's Not About the Bike** recitava il titolo dell'autobiografia di Lance Armstrong: la bici non conta. Armstrong si sbagliava. Lo so, sembra assurdo accusare l'unico uomo che sia riuscito a vincere per sette volte la competizione ciclistica più dura del mondo di aver sbagliato il titolo del suo best-seller internazionale. Ma ormai l'ho fatto. Lance, non sai di che cosa stai parlando. La bici conta. La bici è *l'unica* cosa che conta.

* *Non solo ciclismo* è il titolo dell'edizione italiana del libro: Lance Armstrong, con Sally Jenkins, *Non solo ciclismo: il mio ritorno alla vita*, tr. it. di Elisa Romagnoli, Libreria dello Sport, Milano 2000. [*n.d.t.*]

Dopo Capel-y-ffin la strada s'impenna. Le nuvole si sono ritirate per rivelare una pallida calotta azzurra. Le colline splendono e l'aria si riempie di promesse. Mi alzo sul sellino e la fatica mi libera dagli ultimi residui di inquietudine. La bici scalpita nelle mie mani.

Al Gospel Pass ci infiliamo nella gola chiusa tra le rocce e il paesaggio scompare. Cominciamo a planare lentamente verso valle. Il Galles centrale offre delle vedute magnifiche. Il mondo si stende oltre il manubrio. Mi godo lo spettacolo dal posto migliore che ci sia, un posto che mi è costato oltre 3.500 sterline. Sono un sacco di soldi, mi viene da pensare. Ma no, non sono un sacco di soldi per la cosa più bella che abbia mai posseduto.

Letture consigliate

Il libro che mi ha indotto a girare il mondo in bicicletta è stato *Full Tilt*, in cui Dervla Murphy narra del suo intrepido viaggio in bici dall'Irlanda all'India nel 1963. Appartiene al miglior genere di racconto d'avventura ed è un invito pressante a «viaggiare per il gusto di viaggiare». Ho letto e apprezzato altri due libri che narrano di viaggi in bicicletta: *Travels with Rosinante* (titolo originale, *Les aventures de Rossinante*) di Bernard Magnouloux e *Into the Remote Places* di Ian Hibell. Entrambi, seppur in maniera diversa, presentano una visione autentica di ciò che significa viaggiare in bicicletta. *Adagio su due ruote* di Tim Moore è un'introduzione arguta alle fatiche del Tour de France.

I migliori resoconti del tempo passato «sul ribattino» sono le autobiografie di chi ha vissuto dall'interno il mondo del ciclismo agonistico: *Rough Ride* di Paul Kimmage è una denuncia della difficile vita di un corridore professionista e della cultura delle droghe all'interno del gruppo; *The Escape Artist* di Matt Seaton è una storia straziante di amore e morte scritta da un corridore dilettante; *The Flying Scotsman* di Graeme Obree è l'avvincente storia, narrata dal protagonista, della conquista del record dell'ora; e *One More Kilometre and We're in the Shower* di Tim Hilton è un'affettuosa celebrazione della scena del ciclismo nel dopoguerra in Gran Bretagna e nell'Europa continentale.

Infine, c'è naturalmente il bestseller redatto per conto di Lance Armstrong e intitolato *Non solo ciclismo. Il mio ritorno alla vita*, l'impetuoso racconto della sua guarigione dal cancro per tornare a vincere nel Tour de France.

Le buone biografie di grandi ciclisti abbondano: *Major* di Todd Balf offre uno sguardo approfondito sulla scena del ciclismo professionistico su pista all'inizio del ventesimo secolo; *Put Me Back on the Saddle* di William Fotheringham decifra con acutezza la figura enigmatica di Tom Simpson; *In Search of Robert Millar* di Richard Moore e *La morte di Marco Pantani* di Matt Rendell sono due libri basati su ottime ricerche e scritti in uno stile avvincente.

Pedalling Revolution del giornalista americano Jeff Mapes analizza le dinamiche della cultura ciclistica urbana oggi. *The Literary Cyclist*, a cura di James E. Starrs, è una deliziosa antologia di passi letterari sul ciclismo e i ciclisti. Sono sorprendentemente pochi gli autori che hanno provato a romanzare i drammi del ciclismo professionistico. Lo scrittore olandese Tim Krabbé ha scritto l'eccellente e profondo *La corsa*; con *Maglia gialla*, Ralph Hurne avvincerà i ciclisti più accaniti. Tra le opere di fantasia che hanno al centro della narrazione il ciclismo o la bicicletta ci sono *Il terzo poliziotto* di Flann O'Brien (la storia dell'amore di un uomo per una bicicletta), *Tre uomini a zonzo* di Jerome K. Jerome e *The Wheels of Chance. A Bicycling Idyll* di H.G. Wells.

Il miglior libro che abbia letto sulla storia della bicicletta è *Bicycle* di David Herlihy. *King of the Road* di Andrew Ritchie, *Cycling History: Myths and Queries* di Derek Roberts, *On Your Bicycle* di Jim McGurn e *The Story of the Bicycle* di John Woodforde costituiscono anch'essi ottime letture. Infine, se avete intenzione di sporcarvi le mani per riparare la vostra bici, *Bicycle Repair* di Rob Van der Plas è un buon manuale introduttivo.

Appendice

Informazioni utili

Dimensioni degli pneumatici
Tutti gli pneumatici hanno un codice d'identificazione stabilito dall'ETRTO (European Tyre and Rim Technical Organization). È un sistema universale di classificazione delle dimensioni composto da due numeri separati da un trattino:

- un numero di due cifre (la larghezza della sezione dello pneumatico in millimetri); seguito da
- un numero di tre cifre (il diametro del «calettamento», ovvero il diametro del cerchio misurato nel punto in cui si appoggiano i talloni dello pneumatico, in millimetri).

Le dimensioni dei miei pneumatici Continental Gran Prix 4000 S sono: 23-622.

Dimensioni del cerchio
Anche i cerchi hanno un codice d'identificazione ETRTO composto da due numeri separati da una «×»:

- un numero di tre cifre (il diametro del cerchio misurato nel

punto in cui si appoggiano i talloni dello pneumatico in millimetri, come per gli pneumatici)
- un numero di due cifre (la larghezza interna del canale del cerchione in millimetri).

Le dimensioni dei miei cerchi DT Swiss RR 1.2 sono 622×15.

Il numero d'identificazione fondamentale è quello di tre cifre: deve essere identico a quello dello pneumatico se si vuole che cerchio e pneumatico siano compatibili.

Calcolo dei rapporti

Il modo in cui si calcolano i rapporti di una bicicletta nei paesi di lingua inglese è un curioso retaggio del biciclo *high-wheeler* o *ordinary*: questi veicoli non avevano ingranaggi di trasmissione e perciò «il rapporto di velocità» altro non era che il diametro della grande ruota anteriore (da cui si poteva ricavare la distanza coperta con una completa rivoluzione della ruota) espresso in pollici. Quando fu introdotta la *safety bicycle*, che aveva una trasmissione a catena, il rapporto continuò a essere calcolato col vecchio sistema. Questo metodo di calcolo, pur non avendo alcun significato fisico, rimane in uso ancora oggi. Eccolo:

> diametro della ruota motrice (in pollici) × numero dei denti della moltiplica anteriore ÷ numero di denti del pignone posteriore = «rapporto in pollici».

Sul continente europeo e nei paesi in cui si adotta il sistema metrico decimale, lo «sviluppo metrico» di un rapporto si calcola con un metodo più pratico che misura, in metri, la distanza percorsa dalla bicicletta per una rivoluzione della pedivella:

> numero dei denti della moltiplica anteriore ÷ numero di denti del pignone posteriore × diametro della ruota (in metri) × pi greco = sviluppo metrico (un numero con due cifre decimali).

Ringraziamenti

Questo libro deve la propria esistenza principalmente a due persone: la mia editor Helen Conford, che è stata la prima a pensare che la bicicletta meritasse una valutazione originale; e mia moglie Vicky, la quale, sapendo che io avrei sempre e comunque preferito andare a pedalare invece di dedicarmi alla stesura del libro, mi ha incatenato alla scrivania mentre lo scrivevo.

Molte persone mi hanno fornito con entusiasmo il loro contributo di pensieri e idee: ringrazio Stephen Wood, per le sue storie arcane sul sottobosco del ciclismo, Victoria Hazael e Chris Juden della CTC, Anna Simms e Matt Davies della Sustrans, John Hudson, Charles Phipps, Roger Crosskey, Joe Christle, Flash, David Miller e Andrew Moore. Brian Palmer, Dough Pinkerton e il mio vecchio compagno di pedalate Will Farara si sono gentilmente prestati a leggere la prima bozza del libro.

Per avermi fatto partecipe del loro amore per la bicicletta e delle loro conoscenze, sono grato a Garrett e Peter Enright della Phil Wood, a Chris DiStefano, Diane Chalmers e David Prause della Chris King, ad Antonio Colombo, Paolo Erzegovesi e Lodovico Pignatti della Cinelli, a Lerrj Piazza e Lorenzo Taxis della Campagnolo, a Wolf vorm Walde e Hardy Bölts della Continental, a Cliff Polton della Royce, ad Andrea Meneghelli, Steven Green e tutto lo staff della Brooks England, a Julian Wall della Cyclefit, a Dominic Thomas, Slate Olson, Rudy Contratti, Iacopo Destri, Marco Consonni, Peter Zheutlin, John Moore, Klaus Grüter, Charlie Kelly, Joe Breeze, Billy Savage e Steve «Gravy» Gravenites. Ho un debito di riconoscenza con Chris Anderson per il ritratto della mia bici sulla copertina dell'edizione inglese del libro.

Per il tempo che mi hanno dedicato e la loro comprensione dell'«anima d'acciaio», un milione di grazie a Gary Needham della Argos Cycles, a Donald Thomas della Bob Jackson Cycles, a Grant Mosley della Mercian Cycles, a Barry Scott della Bespoke Cycling, a Chas Roberts della Roberts Cycles, a Lee Cooper, Barry Witcomb, Neil Orrell e Paul Corcoran della Pennine Cycles, a Vernon Barker e Sacha White della Vanilla, a Terry Bill e Keith Noronha della Reynolds Technology e a Matt Roberts e tutti i ragazzi della Rourke Cycles. Il mio più grande debito di gratitudine è per Brian e Jason Rourke.

Il dream team della Penguin che ha assemblato il libro è composto da Nikki Lee, Rebecca Lee, Jessica Price, Chris Croissant e Mari Yamazaki. Sono lietissimo di poter dire che tutti loro usano la bicicletta. La realizzazione per la BBC4 del documentario basato sul libro ha coinvolto nel progetto un'intera nuova squadra: ringrazio Steve Robinson, Gwenllian Hughes, Emma Haskins, Louis Fonseca e Sally Lisk-Lewis della Indus Films, Ben Hall della Curtis Brown, Steve Bagley del Coventry Transport Museum, Doug Pinkerton, Gwynfor Llewellyn e in modo particolare Rob Sullivan, che ha prodotto il documentario, per l'entusiasmo inestinguibile che hanno mostrato per il progetto.

Sono riconoscente a Miles, Dawn e Mark del negozio di biciclette M & D Cycles di Abergavenny, di cui sono cliente, e a Steve e Cherrie Chadwick, gestori del pub che frequento, il Crown di Pantygelli, dove ho rivisto gran parte della prima bozza del libro. Infine, grazie ai miei infaticabili agenti letterari, Camilla Hornby e Camilla Goslett.

Per ultimo, un saluto affettuoso a tutti gli amici con cui ho condiviso molti chilometri di felicità in bicicletta. È un gruppo di persone che sanno per istinto che una bella pedalata in bici, come la vita, è una questione di equilibrio. Ne fanno parte: Alf Alderson, Chris Anderson, Paulo Baillie, Tommy Bayley, Dave Belton, Rohan Blacker, Harriet Cleverly, James Cole, Tim Doyne, Will Farara, James Greenwood, Tom Halifax, Jimmy Hearn, Simon Martyn, Andy Morley-Hall, Mark Sainsbury, Spencer Skinner, Dave Stirling e Antony Woodward.

A tutti voi auguro lunghe pedalate.

Fonti delle illustrazioni

p. 6 Leo Baeck Institute, New York
p. 13 Peter Zheutlin
p. 15 Robert Penn
p. 16 Robert Penn
p. 18 Bicycle Books
p. 26 Jason/Brian Rourke
p. 32 Canada Science and Technology Museum
p. 33 Coventry Transport Museum
p. 35 Raleigh
p. 44 Reynolds
p. 48 Historic Hetchins
p. 60 Science Museum/SSPL
p. 72 Ely Museum
p. 81 Robert Penn
p. 83 Columbus/Cinelli
p. 92 Raleigh
p. 106 Renold PLC
p. 108 Raleigh
p. 110 Campagnolo/Lerrj Piazza
p. 113 Campagnolo/Lerrj Piazza
p. 128 Robert Penn
p. 145 Dewey Livingston

p. 147 Charlie Kelly
p. 155 Coventry Transport Museum
p. 163 The Granger Collection/TopFoto
p. 181 *Bicycles & Tricycles: A Classic Treatise on Their Design and Construction*, di Archibald Sharp
p. 184 Brooks England Ltd

Indice

La Petite Reine 7
1. Un'anima d'acciaio: il telaio 25
2. Infinite curve eleganti: il sistema di sterzo 57
3. Movimenti concatenati: gli organi di trasmissione 99
4. La verità laterale, e che Iddio mi aiuti: le ruote 123
5. Anatomia di un appoggio: la sella 171
Not in Vain the Distance Beckons 195

Letture consigliate 207
Appendice: informazioni utili 209
Ringraziamenti 211
Fonti delle illustrazioni 215

FSC
www.fsc.org
MISTO
Carta
da fonti gestite in
maniera responsabile
FSC® C005461

Finito di stampare
nel mese di dicembre 2023
per conto della Adriano Salani Editore s.u.r.l.
da Rotolito S.p.A. – Seggiano di Pioltello (MI)
Printed in Italy